KB054547

· 이 책에서 다루는 직업 ·

학자 ┬ 대학교수
     └ 연구원

사서 ┬ 기록물 관리사
     └ 메이커 랩 퍼실리테이터

큐레이터 ┬ 디지털 큐레이터
         ├ 디지털 헤리티지 전문가
         ├ 문화재 연출가
         ├ 미술품 감정사
         └ 미술품 기록관리사

지식을 다루는 직업 II

학자·사서·큐레이터

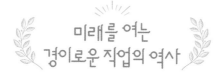

미래를 여는
경이로운 직업의 역사

지식을 다루는 직업 II

학자·사서·큐레이터

박민규 지음

빈빈
册방

내가 정말로 원하는 직업은 무엇일까?

'선생님'이 되어 아이들을 가르치고 싶은 사람도 있고, '의사'가 되어 아픈 사람을 치료해 주고 싶은 사람도 있고, '경찰관'이 되어 범죄를 저지른 사람을 잡고 사람들을 돕고 싶은 사람도 있을 것입니다. 선생님, 의사, 경찰관이 '된다'는 것은 바로 선생님, 의사, 경찰관이라는 '직업을 가진다'는 의미입니다.

우리는 저마다 자신의 희망, 적성, 능력에 따라 직업을 가집니다. 직업이란 사람이 경제적 보상을 받으면서 자발적으로 하는 지속적인 활동입니다. 직업을 가지게 되면 기본적인 경제생활을 할 수 있는 소득을 얻고, 사회발전에 이바지할 수도 있고, 무엇보다도 자기가 가지고 있는 꿈을 실현할 수 있습니다. 그래서 한 사람이 살아가기 위해서는 '직업'을 가지는 것이 매우 중요합니다.

직업을 가지려면 먼저 그 직업이 하는 일은 무엇이며, 그 일을 잘하기 위해서는 어떤 능력이 필요하고, 사회에서 하는 역할이 무엇인지

아는 것이 중요합니다. 그래야 자신의 꿈을 이룰 수 있는 직업을 선택하고, 그 직업에 필요한 능력을 미리 갖출 수 있기 때문입니다.

2021년 기준 한국에는 약 1만 7천여 개의 직업이 있고, 해마다 새로운 직업이 생겨나고 있습니다. 수많은 직업 중에서도 특히 많은 사람들이 관심을 갖는 직업들이 있습니다. 우리는 이 직업들이 처음에 어떻게 생겨났고, 시대의 변화에 따라 바뀐 점과 바뀌지 않은 점이 무엇인지 살펴볼 것입니다. 달라진 점을 살펴보면 그 직업이 앞으로 어떻게 변해갈지를 예측해 볼 수 있습니다. 또, 달라지지 않은 점을 바탕으로 그 직업의 진정한 의미와 가치를 찾아낼 수 있을 것입니다.

이 책이 여러분에게 '내가 정말로 원하는 직업이 무엇인지' 생각해 보고, 미래를 준비하는 데 도움이 되기를 바랍니다.

인간 활동의 뿌리인
'지식'을 다루는 직업

지식이란 '배우거나 경험해서 개인이나 혹은 그가 속한 사회가 가지고 있는, 대상에 대한 이해 혹은 정보'입니다. 인류는 지금까지 계속 새로운 지식을 '탐구하고', 다른 사람에게 지식을 '가르치고', 지식을 '모아서 관리'했습니다. 우리가 사용하는 편리한 물건, 감상하는 아름다운 예술 작품, 살아가는 데 필요한 여러 가지 제도는 모두 인간의 지식 활동에 뿌리를 두고 있으며, 앞으로도 인류가 존재하는 한 지식을 찾고, 전달하고, 관리하는 일은 계속될 것입니다.

이 책에서 우리는 지식을 탐구하는 직업인 학자와 지식을 모으고 관리하는 직업인 사서와 큐레이터를 자세히 알아볼 것입니다. 각 직업이 언제, 어떻게 탄생해서 오늘에 이르렀는지 역사적인 배경을 이해한 다음, 직업을 얻을 수 있는 방법을 알아보고, 현재 상황을 바탕으로 미래에는 어떻게 달라질지를 예측해봅니다.

이를 통해 학자, 사서, 큐레이터라는 직업의 시대에 따른 모습과 그

일의 본래 의미를 알게 되고 지금까지 어떻게 변해 왔으며 인류 발전에 어떻게 이바지했는지를 이해할 수 있습니다. 또한, 현재와 미래를 살펴 그 직업을 갖기 위해 필요한 자질과 준비 방법을 알 수 있고 앞으로 어떻게 발전해 나갈 것인가도 알 수 있을 것입니다. 그렇게 된다면 그동안 막연하게 짐작했던 각 직업들을 보다 진지한 시선으로 보게 될 것입니다.

무엇보다도 책을 읽는 청소년들이 각 직업의 본래 의미를 이해해서 앞으로 어떤 직업을 선택하든지 자기가 하는 일에 보람을 느끼고 즐겁게 살아가기를 기대합니다.

3부 지식을 전시하는 사람, 큐레이터

1부

지식을 탐구하는 사람, 학자

학문과 학자의
탄생

도구를 사용하고 문자로 기록하면서 인간의 삶은 큰 변화를 맞이했다. 인간은 사냥하는 도구, 농사짓는 도구 등을 만들어 사용하고 그 내용을 기록하면서 지식이 쌓이기 시작하고, 점차 자연 현상에 관심을 가지게 되었다.

세상 만물의 기본이 되는 물질은 무엇인가? 만물은 어떤 원리로 만들어지는 것인가? 진리란 무엇인가? 인간에게는 영혼이 있는가? 올바른 도덕과 정치는 무엇인가? 와 같은 물음에서부터 별의 움직임, 빛의 원리, 동물의 생태 등 다양한 분야에 호기심을 가지고 질문하고 답을 찾는 사람들이 나타났다. 이들은 관심 있는 분야를 오랫동안 공부해서 능통하게 되는데, 이들을 '학자'라고 부른다.

공부를 하는 게 일이라고?

학자란?

학자學者, scholar는 공부가 직업인 사람이다. 지식을 탐구하는 학자는 평생 관심 있는 주제를 연구한다. 철학, 역사, 문학을 연구하는 학자는 주로 책을 읽고, 토론을 하고, 사색한다. 정치나 경제, 사회를 연구하는 학자는 세상에서 일어나는 일을 관찰하고, 조사하고, 평가한다. 물리학, 천문학, 화학, 생물학 등을 연구하는 학자는 자연 현상을 관찰하고, 실험한다. 기술, 공학을 연구하는 사람은 자신의 생각을 실제로 만들어 본다. 연구 분야는 다를지라도 학자라면 모두 자신의 연구 결과를 정리해서 세상에 알려야 한다. 앞서 이루어진 연구에 다른 학자가 새로운 연구 결과를 더하면서 지식은 점점 쌓이고 학문이 발달한다.

'과학'이라고 하면 물리학, 화학, 생물학을 떠올리고, 철학, 역사학, 사회학과는 다르다고 생각한다. 하지만 원래 과학(science)은 '지식'이라는 뜻의 라틴어 'scientia'에서 비롯되었다. 즉, 과학은 모든 분야를 포함한다. 그중 인간의 본질, 의미, 활동을 다루는 것은 인문과학(humanities), 사회에 나타나는 현상을 다루는 것은 사회과학(social science), 자연 현상을 다루는 것이 자연과학(natural science)이다.

고대 그리스에 등장한 철학자들

기원전 600년경 그리스의 식민 도시 밀레토스에서 자연 철학자들이 처음 활동을 시작했다. 이들은 자연에 관한 탐구를 통해 세상을 이해하려고 했다.

탈레스

당시 대표적인 학자는 '최초의 철학자' 혹은 '과학의 아버지'라고 불리는 탈레스(BC623?~BC454?)였다. 그는 세상의 근원은 '물'이고 땅은 물 위에 뜬 원반이라고 주장했다. 또한, 기하학의 기본 정리를 발견하고 달을 관찰하여 일식을 예측하기도 했으며 정전기를 발견하기도 했다.

피타고라스의 정리로 잘 알려진 피타고
라스(BC580?~BC500)도 위대한 학자였다.
피타고라스학파는 세상이 숫자로 이루어졌
다고 믿으며, 종교 단체를 만들어 함께 생활
하면서 수학과 천문학, 음악을 연구했다.

피타고라스

광장이나 시장에서 만나는 사람들과 여
러 가지 주제를 토론하면서 철학, 정의, 절
제 등을 가르친 소크라테스(BC470? ~BC399), 소크라테스의 제자로 시
간이 지나도 변하거나 없어지지 않는 존재 이데아Idea를 통해 진리에
다다르려고 했던 플라톤(BC428?~BC348?), 플라톤의 제자로 고대 과
학을 완성한 아리스토텔레스(BC384~BC322)는 모든 서양 학문의 뿌
리가 된 고대 그리스의 위대한 철학자이자 과학자였다.

왼쪽부터 소크라테스, 플라톤, 아리스토텔레스

학자는 어떻게 살았을까?

운 좋게 귀족이나 부잣집에서 태어난 사람은 큰 어려움 없이 공부만 할 수 있었다. 하지만 공부하는 것만으로는 돈을 벌 수 없었다. 그래서 어떤 학자는 왕이나 귀족, 혹은 부유한 사람들에게 도움을 받아 생활했고, 어떤 사람은 그리스 전역을 돌아다니며 강연을 하고 대가를 받기도 했다. 이름난 학자는 학원을 세우고 학생들이 내는 등록금과 학부모들이 기부하는 돈으로 공부를 계속했다.

이집트의 프톨레마이오스 왕조는 알렉산드리아에 무세이온 Mouseion이라는 연구소를 세웠다. 그리고 전 세계의 학자를 모아 연구하도록 하면서 생활비와 연구에 필요한 돈을 지원했다. 플라톤은 기원전 387년 아테네 교외에 아카데메이아Academia라는 학원을 세워 기하학, 천문학, 철학 등을 가르쳤다. 이 학원은 후에도 1000여 년간 운영되었다. 학회나 교육 기관을 부르는 이름인 아카데미Academy는

여기서 나온 이름이다. 아리스토텔레스도 가정교사로 일하며 알렉산드로스 대왕을 가르쳤고, 나중에는 아테네에 리케이온Lykeion이라는 학원을 세우고 학생을 가르쳤다.

플라톤의 아카데메이아를 그린 모자이크

학자는 무엇을 연구했을까?

당시 주요 연구 분야는 철학, 역사, 문학이었다. 철학은 세상의 바탕이 되는 이치를 밝히는 학문으로, 모든 학문의 출발점과 같았다. 철학 philosophy이라는 이름부터 고대 그리스어의 '필레인(사랑한다)'과 '소피아(지혜)'를 합친 '지혜를 사랑한다'라는 뜻이다. 철학자들은 추상적인 이론만이 아니라 음악과 체육, 식이요법 등과 같은 실제적인 것도 연구했다. 학자들은 그 외에도 천문학, 수학, 의학 등의 자연과학을 연구했다.

역사학자는 역사적으로 중요한 국가 사건들을 해석했다. 또한, 지금의 신문이나 방송처럼 국가의 정책과 사상을 평가하는 역할도 했다. 정치가들은 역사학자들을 후원하고 좋은 평을 얻어내기도 했다.

고대의 여성 학자

학자는 대부분 남성이었지만, 여성 학자도 있었다. 여성 학자 중에서는 알렉산드리아의 철학자, 수학자, 천문학자인 히파티아(355?~415)가 유명하다. 수학자였던 히파티아의 아버지는 그녀에게 철학, 종교를 비롯한 여러 가지를 가르쳤고, 규칙적인 운동과 신체단련을 통해 몸과 마

히파티아 초상

음이 균형을 이룬 완전한 인간이 되도록 교육했다. 알렉산드리아에서 수학과 철학을 가르치고, 수학에 관한 책도 많이 쓰면서 학자로 이름을 날린 히파티아는 알렉산드리아뿐 아니라 전 세계에서 유명해졌고, 수많은 사람이 그녀를 숭배했다.

하지만 히파티아는 알렉산드리아를 다스리던 대주교와 총독의 싸움에 말려들었고, 그녀를 이단이라고 생각하는 기독교 광신자들이 집으로 돌아가던 히파티아를 습격해서 살해했다. 그녀의 죽음은 로마 제국 말기, 기독교 세력이 커지면서 기독교 이외의 다른 사상은 이단으로 탄압하던 사회 분위기를 상징적으로 보여준다. 이후 많은 화가와 문인이 작품으로 히파티아의 죽음을 기렸고, 그녀의 삶은 〈아고라〉라는 영화로도 만들어졌다.

히파티아의 죽음

위대한
이슬람 학문의 시대

동쪽으로 이동하는 학문의 중심지

1세기경 그리스와 로마 곳곳으로 기독교가 퍼졌다. 로마 제국은 기독교를 박해했으나 기독교 세력은 점점 커졌다. 313년에는 로마 황제가 기독교를 정식 종교로 인정했으며 380년에는 국교*로 삼았다.

기독교가 고대 그리스의 학문을 이단**이라고 몰아내기 시작하자 많은 학자가 로마 제국을 떠나 동쪽으로 갔다. 또한, 기독교 내부에서도 신앙에 대한 해석 때문에 서로 다투었는데 이단으로 취급받은 네스토리우스파Nestorianism 기독교가 많은 책을 가지고 페르시아로 도망치면서 학문의 중심지는 동쪽으로 이동했다.

* 나라에서 법으로 정하여 온 국민이 믿도록 하는 종교
** 자신이 믿는 종교 교리에 어긋나는 이론이나 행동, 종교

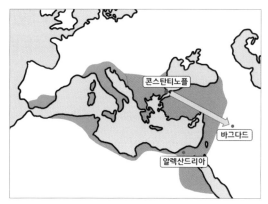

네스토리우스파 기독교인들은 로마 제국을 떠나 니시비스(오늘날 터키의 누사이빈)에 자리 잡았고, 많은 학자는 바그다드로 갔다. 네스토리우스파 기독교는 중국에까지 전해졌다.

학문이 꽃을 피운 이슬람

예언자 무함마드(570?~632)는 이슬람교를 아라비아반도 전역에 알렸다. 그의 후계자인 칼리파들은 페르시아를 정복하고 이집트 북부, 아프리카, 유럽의 이베리아반도에 이르는 대제국을 건설했다.

무함마드가 말한 알라의 계시를 모아 놓은 이슬람교의 경전인 『꾸란』에서 "학자의 잉크가 순교자의 피보다 더 성스럽다"라는 가르침을 전할 정도로 이슬람교는 학문을 중요하게 생각했다. 이슬람 제국의 지도자들은 학자들을 불러모았다. 이들은 그리스와 로마의 고전을 수집해서 번역하고 베껴서 책을 만들었고 수학, 화학, 의학, 천문학 등을 연구했다. 바그다드, 다마스커스, 코르도바에는 큰 대학과 도서관이 있었고 많은 학자가 모여 활발히 연구했다.

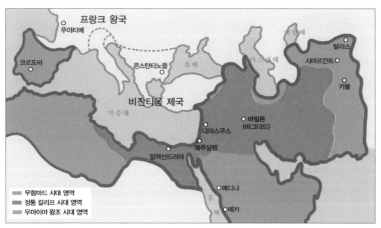

750년경 이슬람 제국

지혜의 집

지혜의 집은 이슬람 제국의 지도자 압둘라 알 마문(786~833)이 세웠다. 알 마문은 학문과 책을 사랑했다. 동로마 제국(비잔티움 제국)과의 전쟁에서 승리한 후에 전쟁 보상으로 금은보화 대신 그리스의 수학자 프톨레마이오스가 쓴 천문학 책 『알마게스트』의 복사본을 달라고 할 정도였다.

지혜의 집은 중세 페르시아의 책들을 아랍어로 번역하고, 번역한 도서들을 보관하기 위해 지어졌다. 이곳에서 수많은 그리스 서적 또한 아랍어로 번역되었다. 알 마문은 지혜의 집이 있던 바그다드를 학문의 중심지로 만들고자 했다. 그는 전 세계로 사람을 보내 책과 학자를 모았다. 지혜의 집은 종교적 문제나 전쟁으로 인해 갈 곳 없는 학자들

압둘라 알 마문   지혜의 집 상상화

에게 피난처가 되기도 했다. 수많은 학자들이 모여서 책들을 번역하고, 연구하고, 토론했다.

9~10세기에 걸쳐 이슬람 제국은 '위대한 이슬람 학문의 시대'를 맞이했고, 바그다드는 당시 경제, 문화, 학문의 중심지가 되었다. 지혜의 집은 13세기 몽골의 침략으로 파괴될 때까지 이름을 날렸다. 이슬람 제국의 세력이 넓어지면서 바그다드 외에도 서유럽과 아프리카, 중앙 아시아와 인도 북부에도 학문의 중심이 되는 도시들이 생겨났다.

이슬람의 뛰어난 학자

지혜의 집은 지금으로 보면 종합 학술 연구소와 같은 곳이었다. 수학, 천문학, 의학, 화학, 문학 등 다양한 학문을 연구했는데, 당시에는 지금처럼 학문의 분야가 명확하게 나누어지지 않아 신학에 뛰어난 학자가 시도 쓰고, 수학과 천문학 연구도 하는 등 한 사람이 여러 분야에서 재능을 발휘했다.

유산 상속, 소송, 무역, 토지측정, 수로 건
설 등 모든 분야에서 수학은 매우 중요했다.
알 콰리즈미(780~850)는 그리스의 수학자
유클리드와 아르키메데스가 정리한 내용
을 공부하고, 인도로부터 십진법과 '0'의 개
념을 받아들여 대수학algebra*을 정립했다.
그의 책은 번역되어 유럽에서 교과서로 쓰
였는데, 대수학의 영어 이름인 '알제브라'는

알 콰리즈미 출생 1200년 기념
우표

알 콰리즈미의 책 제목을 따른 것이다. 컴퓨터에서 문제를 푸는 절차
나 방법을 지칭하는 알고리즘Algorithm은 그의 이름에서 유래했다.

이븐 알 하이삼(965~1040)은 빛과 시각을 연구했다. 그는 빛이 여러
가지 물체를 통과하면서 휘어지는(굴절) 현상을 깊이 연구하여 물체
가 빛을 반사하고, 반사된 빛이 눈에 들어와 우리가 물체를 볼 수 있다
는 이론을 제시했다.

그는 어두운 방에 조그만 구멍을 통해 빛이 들어와 맞은편 벽에 거
꾸로 된 모습이 만들어지는 현상을 관찰했는데, 이 현상은 카메라로
사진을 찍는 원리다. 알 하이삼은 처음으로 실험을 해서 증거를 모아
이론을 검증하는 방법을 사용한 과학자였고, 증거를 추구하는 그의

* 수학의 한 분야로 숫자 대신 문자를 쓰거나 수학법칙을 간단하게 나타내는 것. x, y 값을 구하는 방정
식에서 시작되었다.

이븐 알 하이삼의 카메라 실험 상상도

1572년 독일에서 번역되어 출간한 『광학의 서』 중에서

방식은 이후 실험 과학이 발전하는 초석이 되었다. 그의 대표적인 책 『광학의 서』는 라틴어로 번역되었으며 로저 베이컨, 레오나르도 다빈치 등 유럽의 수많은 학자와 발명가에게 영향을 끼쳤다.

성스러운 도시 메카와 함께 발전한 과학

이슬람교 신자인 무슬림은 하루 다섯 번, 정해진 시간에 성스러운 도시 메카Mecca를 향해 기도를 드려야 한다. 이를 위해서 이슬람 문화권에서는 시간을 정확히 측정하는 방법, 달력을 만드는 방법과 메카의 방향을 알 수 있도록 별을 관찰하는 기술이 발달했다.

오마르 하이얌(1048~1131)은 이슬람의 천문학자, 수학자이자 시인으로 유명하다. 천막을 만드는 가난한 집에서 태어났지만 어려서부터 과학, 철학, 수학을 배웠고, 20대 중반부터 본격적으로 수학과 천문학을 연구했다. 그는 3차 방정식을 푸는 해법을 발견했고, 정확한 달력을 만들기 위해 1년이 365.23219858156일이라고 계산했다. 21세기 현재 계산을 따르면 1년은 365.242190일로 오마르 하이얌의 계산은

오마르 하이얌이 쓴 수학 원고   자비르 이븐 하이얀의 화학 실험 원고

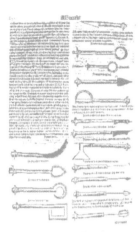

알 자흐라위가 고안한 수술 도구

이븐 칼둔이 사용한 지도

단 1초가 틀렸을 뿐이다. 오마르 하이얌은 시인으로도 유명했는데, 그의 시집은 번역되어 유럽에서도 널리 읽혔다.

'화학의 아버지'라 불리며 화학의 기본 개념과 이론, 제조법을 밝히고 황산, 질산 등을 발견한 자비르 이븐 하이얀(722~815), 새로운 수술 도구 200여 가지를 발명하여 의학의 대변혁을 일으킨 알 자흐라위(936~1013), 사회학과 경제학의 토대를 이룬 이븐 할둔(1332~1406)도 이슬람 출신의 학자이다. 이들의 연구는 중세 이후 유럽에서 다시 학문이 되살아나는 밑거름이 되었다.

고대 동아시아의 학자

● 중국

중국의 상황

기원전 11세기, 주周 왕조는 공을 세운 신하에게 땅을 나누어 주고 다스리게 하는 봉건제로 중국을 지배했다. 각 지역을 다스리는 신하는 제후라고 불렀다.

기원전 771년, 주 왕조는 외적의 침입과 내부 제후들의 반발로 무너졌다. 이후 제후들은 새로 왕을 세워서 주 왕조를 이어나가게 했지만, 왕에게는 권력이 없었다. 지역을 다스리던 제후들은 자신의 세력을 강하게 하려고 서로 다투었다. 이 시기를 춘추 전국 시대라고 부른다. 춘추 전국 시대에는 다툼과 전쟁이 끊이지 않았지만, 인구가 증가하고 농업 생산량이 늘어났다. 수공업과 상업도 발달하여 막대한 돈을 버는 사람도 생겨났다. 이 시기에 학문 연구를 주된 일로 하는 학자가 등장한다.

새롭게 등장한 중국의 학자

춘추 전국 시대는 다양한 학문과 사상이 꽃피우던 시기였다. 노자, 공자, 묵자 등 후대까지 큰 영향을 미친 유명한 학자들이 활동했다. 이들은 자신만의 사상을 세운 학자이자 수많은 제자를 가르치는 교사이기도 했다. 전국을 돌아다니며 때로는 정치에 직접 참여하기도 하는 정치가였고, 때로는 군사 지도자로 전쟁을 이끌기도 했다.

공자와 같은 유명한 학자는 유력한 제후들이 후원했고, 그들의 제자들 중에는 직접 제후를 섬기는 신하가 되는 이들도 있었다. 학식이 있는 사람, 다양한 분야에 재주가 있는 사람은 제후의 식객食客, 혹은 문객門客이 되었다. 제후는 이들을 후하게 대우했고 식객은 제후가 필요로 하는 일을 도왔다. 식객 중에는 학문이 높은 사람뿐만 아니라 정치나, 무술에 뛰어난 역량을 가진 사람도 있었다. 어떤 제후는 3천여 명이 넘는 식객을 거느리고 있었다. 사람들은 제후가 거느리고 있는 식객의 수가 많을수록 제후의 권위가 높고 능력이 뛰어나다고 생각했다.

학문의 탄압

진秦이 중국을 통일하면서 춘추 전국 시대는 막을 내린다. 중국을 통일한 진나라의 왕 영정은 왕보다 높고 귀하다는 의미로 황제皇帝라는 호칭을 처음 사용해 진시황秦始皇이라고 불렸다. 이는 진나라의 시조 황제라는 뜻이다.

진시황은 지금까지 제후들이 각 지역을 다스리던 제도를 폐지했다. 그리고 이를 군, 현, 향으로 나눠서 황제가 직접 임명한 관리가 다스리게 했다. 또한, 문자, 도량형*과 화폐를 통일해서 춘추 전국 시대 동안 각 지역별로 달랐던 고유의 제도와 문화를 하나로 만들었다.

그리고 사상을 하나로 통일하기 위해 의약, 점술, 농업 등 현실에 필요한 책과 진나라의 역사를 다룬 책을 제외하고 모두 빼앗아 불태워 버렸다. 이를 분서焚書라고 한다. 게다가 진 왕조를 비판하는 학자들은 살아있는 채로 구덩이에 매장해 버렸는데 이를 갱유坑儒라고 한다. 이를 합쳐 '분서갱유'라고 한다.

과거 제도의 시작

진나라는 중국을 통일한 지 15년 만에 멸망한다. 진이 멸망한 후 뒤를 이은 한漢 왕조는 춘추 전국 시대와 진 왕조를 거치며 전쟁으로 피

---

* 크기, 길이, 무게를 재는 단위

폐해진 국력을 다시 키웠다. 과학 기술의 발전으로 공업과 상업이 활발해지고, 외국과의 문화 교류가 왕성해지고, 유학 사상을 부활시켜 국가 통치의 근본으로 삼는다.

유학은 한 왕조 이후 20세기까지 중국의 철학, 정치, 사상 등 모든 분야의 바탕이 되었다. 또한, 587년 수隋 왕조에서 관리 선발 시험인 과거科擧를 처음 시행했다. 과거 제도는 당, 송을 거치면서 확고히 자리 잡았는데, 합격하려면 유교 경전과 역사를 잘 알고 문장 실력이 뛰어나야 했다. 평균 20년 정도 공부한 사람들이 과거에 합격했고, 10대에 공부를 시작해서 50세가 넘어 합격한 사람도 있었다.

과거를 치르는 것만으로도 지식인 대접을 받았는데, 교양과 학문을 갖추는 것은 출세하기 위한 기본 조건이었다. 이 결과 중국의 학자는 대부분 관리이거나 관리직에서 퇴직한 사람이었다. 이 전통은 20세기 초, 청 왕조가 과거제를 없앨 때까지 이어졌다.

중국에 전파된 불교, 공부하는 승려

불교는 기원전 6세기경 인도에서 시작되었다. 1세기 무렵 교역을 하던 상인을 통해 중국에 전해졌는데, 처음에는 주로 상인들이 오가는 교역로 주변에서 발달하다가 4세기 무렵부터 중국 전역에 뿌리를 내리기 시작했다.

불교에는 전통적인 도교의 가르침과 비슷한 점이 있어서 중국 사람들이 큰 거부감을 느끼지 않았다. 많은 승려가 인도와 중국을 오가며 불경을 구해 번역하고 연구했다. 4세기 후반부터 500여 년 동안 불교는 중국에서 전성기를 누렸다. 황제와 귀족은 사찰을 짓고 승려를 후원했다. 불교 사찰은 학문과 문화의 중심지가 되었으며 승려는 학자이자 시인, 화가, 서예가이기도 했다.

쿠마라지바(344?~409?)는 전쟁에서 포로가 되어 인도에서 중국으로 끌려왔다. 승려 출신이었던 그는 중국에 살면서 인도의 고대 언어인 산스크리트어로 쓰인 불교 경전 300여 권을 한문으로 번역했다. 쿠마라지바의 번역으로 불교 경전의 올바른 의미가 중국에 전해졌는데, 그가 번역한 불교 용어 중에는 지금까지 사용되고 있는 것도 있다.

쿠마라지바 동상

당 왕조의 승려 현장(602~664)은 627년 인도로 떠나 불교 연구에 힘썼다. 645년 불교 경전과 불상을 가지고 중국으로 돌아온 후 당 황제 태종의 후원을 받으며 경전을 한문으로 번역했고, 자신이 인도를 여행한 경험을 정리해 『대

현장법사 동상

당서역기』라는 여행기를 썼다. 명 왕조 시기에는 현장의 인도 여행을 바탕으로 쓴 소설 『서유기』가 나왔는데, 등장인물 중 삼장법사는 현장을 모델로 한 인물이다.

유학 이외의 학문

중국에서는 고대부터 하늘에 제사를 지내고 점을 치기 위해 천문학을 중요하게 여겼다. 주 왕조 이전부터 이미 태양과 달의 움직임을 바탕으로 달력을 만들어 사용했다. 인구를 헤아리고 세금을 거두며 도로 건설을 하는 데 필요한 수학이 발달했고 건강을 다스리기 위한 의학도 중요하게 여겼다. 한 왕조 이후에는 페르시아, 인도 등과의 교류가 활발해지면서 그리스와 인도의 천문학과 의학 지식이 전해졌다.

유학 이외의 전문 기술을 공부한 학자는 고급 관리가 되지는 못했다. 하지만 중간 계급의 관리가 되어 존중을 받았고, 고급 관리 중에서도 수학과 의학 등에 뛰어난 사람이 있었다.

관직에 진출하지 않은 학자와 지식인

오랫동안 공부를 했지만, 나라의 지배층과는 생각하는 바가 달라 관직에 오르기를 거부하는 사람들도 있었다. 이들은 사람들의 발길이 잘 닿지 않는 산속에 숨어 지내거나 큰 도읍의 저잣거리에서 다른 일을 하면서 자신의 특기를 키웠다. 이들은 숨어 사는 사람이라는 의미로 은자隱者라고 불렀다.

무위자연無爲自然*의 도가 사상을 정립한 철학자 장자는 자신을 '뒷골목 허름한 집에 살면서 짚신을 만드는 깡마르고 누런 얼굴'이라고 묘사했는데, 이처럼 가난하게 살면서 공부를 계속 해나가는 학자도 많이 있었다.

반면에 관직에는 나가지 않고 서로 모여 술을 마시며, 시와 그림과 글씨를 즐기는 사람들도 있었다. 그중에 중국의 삼국시대 대나무 숲

---

* 사람의 힘을 더하지 않은 그대로의 자연이라는 뜻으로, 도가에서는 억지로 무엇을 하지 않고 자연의 순리를 따르는 삶을 가리킨다.

속에 숨은 일곱 명의 현명한 사람, 죽림칠현竹林七賢이 유명하다. 이들은 시, 서예, 그림 등의 예술 작품으로 후대까지 이름을 남겼다.

● 한국

우리나라의 학문과 학자

우리나라도 중국에서 들어온 유학 사상이 학문의 근본을 이루었다. 삼국시대부터 중국 당唐 왕조에 유학생을 보냈고 책을 수입했다. 고려 시대에 본격적으로 과거제도가 도입되면서, 관리가 되기 위해서는 유학을 오래 공부해야 했다.

삼국시대에 중국을 통해 전파된 불교는 통일신라를 거쳐 고려 왕조에 이르기까지 크게 발전했고, 왕과 귀족은 불교를 적극적으로 지원했다. 불교 승려 중 뛰어난 학자도 많았다.

신라의 승려 원효(617~686)는 중국으로부터 전해진 불교 사상을 종합해서 하나로 아우르려 했다. 당시 중국

원효

에서 들어온 불교 경전은 체계적으로 정리되어 있지 않았다. 경전에 따라 서로 다른 내용이 허다했다. 원효는 모든 경전을 두루 공부하면서, 맞지 않는 부분을 고쳐나갔다. 그는 두 개의 대립하는 사상이 있으면 그중 하나가 옳다 그르다는 판단을 내리는 것이 아니라, 여러 경전과 해석을 비교하면서 두 생각의 차이를 좁혀나가 대립을 없애고 커다란 진리에서 하나가 되게 했는데, 이를 화쟁*이라 한다.

최치원

유학자이자 문장가인 최치원(857~908)은 신라 말기의 뛰어난 학자였다. 12세에 당나라로 유학을 가서 당나라의 과거 시험에서 1등으로 합격했고, 당시 반란군을 진압하기 위해 쓴 글인 「토황소격문」은 중국에서도 유명했다.

최치원은 귀국 후에 관리가 되어 많은 외교문서와 불교 관련 글을 썼다. 하지만 귀족 세력의 견제로 지방으로 밀려났다. 신라의 문제점을 해결하기 위한 정치 개혁의 뜻을 담은 「시무십여조」를 왕에게 올렸

* 화쟁(和諍), 다툼을 없애고 화합한다

지만, 귀족의 반대로 제대로 시행되지 못했다.

 그 후 최치원은 관직을 내놓고 산천을 유랑하다가 가야산 해인사에 들어가 생을 마쳤다. 그는 정통 유학자로 교육을 받았고 과거를 통해 관리가 되었지만, 불교 사상에 심취했다. 해인사에서도 불교 관련 책을 여러 권 썼고, 유명한 승려들과 활발히 교류했다.

우리나라 기록에 등장하는 최초의 수학자

 유교를 공부하는 학자가 아니면 고위 관리가 되지 못했다. 하지만

당나라 유학생

다른 나라에 가서 공부하는 것을 유학(留學)이라고 한다. 요즘은 많은 사람이 유학을 가지만, 옛날에는 유학을 가기 매우 어려웠다. 삼국시대 기록에 최초의 유학생이 등장한다. 당시 중국 당나라 국립대학에는 외국인도 입학할 수 있었기 때문에 고구려, 백제, 신라에서 모두 학생을 보내 새로운 문물을 배워 오도록 했다. 신라가 삼국을 통일한 이후에도 당나라에 유학생을 많이 보냈고, 당나라의 관리 선발 시험인 과거에 합격한 사람도 50명이 넘었다. 당나라 유학을 마친 사람들은 새로운 지식을 배우고 돌아와 신라의 학문과 문화 발전에 이바지했다. 하지만 유학생의 수가 늘어나며 무조건 중국 문화가 좋다며 따르는 사회 분위기가 형성되었고, 유학생은 관리가 될 때 특별한 혜택을 받았기 때문에 능력 중심 선발에 지장을 주기도 했다.

세금을 거둬들이고, 국가의 재산을 관리하기 위해서는 상당한 수준의 수학 지식이 필요했고, 하늘에 제사 지내기 위한 천문 관측도 필요했다. 이 일은 귀족이나 고위 관리가 아닌 중급 관리가 담당했다.

『삼국사기』에는 251년에 문서와 수학에 능통한 부도라는 사람을 아찬阿湌으로 임명하고 나라의 창고인 물장고物藏庫의 책임자로 삼았다는 기록이 있다. 아마 부도는 수학에 능한 사람이었을 것이다. 아찬 벼슬은 신라의 17개 관리 등급 중 6번째로, 최치원이 받은 관직과 같은 상당히 높은 직위였다.

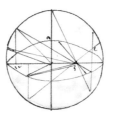

◇◇◇◇◇

학문,
그 자체로
우뚝 서다

◇◇◇◇◇

중세 서양의 학문은 종교의 영향력 아래에서 발전했다. 비록 학문 연구가 기독교 교리와 어긋나지 않는지 감시당했지만, 학문 연구를 전문으로 하는 대학과 교수의 수가 늘었다. 동아시아에서는 과거에 응시하기 위해 유학을 공부하는 지식인 계층인 사대부 계층이 등장했으며, 출세와는 무관하게 공부에만 집중하는 이들도 있었다.

대학이 발전한 중세 서양

로마 제국의 멸망과 중세의 시작

로마는 전성기에 지중해, 유럽 중·남부, 아프리카 북부, 중동 일부까지 차지한 거대한 제국이었다. 하지만 유럽 북부의 여러 민족이 로마를 침략해서 영토와 힘을 빼앗았다. 내부에서도 로마를 수도로 하는 서로마 제국과 콘스탄티노플을 수도로 하는 동로마 제국으로 분열되었다. 서로마 제국은 혼란에 빠져 쇠약해지다가 결국 476년에 멸망했다.

비잔틴 제국이라고도 불리는 동로마 제국은 서로마 제국이 멸망한 뒤에도 약 1000여 년간 유럽과는 다른 문화를 발전시킨다. 서로마 제국의 멸망 이후 약 1000년의 시기를 서양 역사에서는 중세中世, middle age라고 한다.

봉건제 사회

중세는 봉건제 사회였다. 각 지역을 지배하는 영주가 있었으며, 영주는 봉신에게 영토를 나누어주어 다스리도록 했다. 영주는 지역을 보호하고, 봉신은 정해진 세금을 내며 영주가 필요로 할 때 함께 싸우는 등 서로 반드시 지켜야 하는 의무가 있었다. 봉신이 의무를 다하는 한 다스리는 지역에서는 영주의 간섭을 받지 않았다. 하지만 의무를 게을리 하면 계약이 파기되고 땅이 몰수되었다. 서로 합의하는 경우에는 계약을 중단할 수도 있었다.

농민들은 영주의 보호를 받으며 농사를 지었는데, 평생 자기가 속한 지역을 떠나지 못했다. 또한 영주가 필요로 하는 일을 하고 세금을 내야 했다. 하지만 노예와는 다르게 결혼을 해서 가정을 이루고, 재산을 가질 수 있었다.

또한 영지의 구성원 중에는 기독교 성직자가 있었다. 로마가 기독교를 국교로 정한 후, 기독교는 유럽 전역으로 퍼져 나갔다. 로마 멸망 후에도 기독교는 서양 사회의 신앙생활뿐 아니라 일상생활까지 지배했다. 왕이나 영주들도 교회의 권위를 인정하여 땅이나 재산을 기부하기도 했고, 교회는 마음에 안 드는 왕을 내쫓을 만큼 강했다.

이처럼 중세는 기도하는 사람(성직자), 싸우는 사람(기사), 일하는 사람(농민)으로 이루어진 사회였다.

학문 연구가 직업이 되다

중세의 학문은 교회의 영향에서 벗어나지 못했다. 주로 사제들이 학문 연구를 담당했으며, 유명한 사제 학자도 나타났다. 하지만 이들은 신앙의 틀에서 벗어난 지식을 하찮게 여기고 이단으로 쫓아냈다. 종교가 학자를 지배했고, 신학이 학문의 중심이었다.

12세기 무렵부터 대학大學, university이 발전하면서 학문을 연구하는 일이 하나의 직업으로 자리잡기 시작했다. 가르치는 사람은 대부분 사제였으며, 신학을 가장 중심적으로 가르쳤다. 이후 법학, 의학 등의 과목도 생겨났으나 자연과학은 가르치지 않았다. 교회에서는 자연과학 연구로 밝혀진 현상이 교리와 어긋나는지 감시하며 대학의 교육 과정을 통제했다.

대학의 수가 늘어나고, 교수의 사회·경제적 지위도 높아졌다. 대학이 고등 교육 기관으로 자리 잡으면서 대학에서 가르치는 학자를 교사가 아닌 다른 이름으로 부르기 시작했다. 파리의 대학에서는 마스터master, 이탈리아 볼로냐 대학에서는 닥터doctor라고 했다.

중세 파리 대학교수의 모임

교수와 강의

당시 교수의 보수는 강의에 등록한 학생의 수에 따라 결정되었다. 인기 있는 교수의 수업에는 강의하기 어려울 정도로 많은 학생이 몰려서 큰 식당에서 함께 밥을 먹으며 수업하기도 했다. 첫 강의를 시작하는 교수는 이름을 알리기 위해 학생들에게 돈을 주고 자신의 수업에 등록하도록 하기도 했다.

당시에는 책을 만드는 데 시간이 오래 걸리고 돈도 많이 들었기 때문에 책을 구하기 힘들었다. 그래서 교수는 수업을 듣는 학생들이 책 없이도 잘 받아쓰고 이해할 수 있도록 천천히 강의했다. 보통 하루 두 번, 오전과 저녁에 수업을 했다. 주로 오전에는 교수가 강의했고, 저녁에는 학급의 우등생이 교수가 한 강의를 반복했다. 오전 수업에서 필기하지 못한 내용이 있거나 수업을 이해하지 못한 학생들은 저녁에 같은 강의를 다시 들으며 복습했다.

중세 대학의 강의 모습

문예 부흥과 인문학

14세기 무렵 이탈리아를 시작으로 고대 그리스와 로마의 문화가 다시 주목받기 시작했다. 또한, 그리스와 로마의 고전을 연구하고 가르치는 인문학humanities이 발전했다. 인문학은 '인간의 품위에 가장 잘 어울리는 교양 학문'으로 문법, 수사학, 시, 역사, 철학 등이 포함되었다.

교역이 활발해져 상업에 종사하는 사람들은 부유해졌고, 크게 발달한 도시가 정치, 사회, 문화의 중심지가 되었다. 여유가 생긴 사람들은 딱딱한 교회 규칙보다는 자유로운 사상과 문화생활을 원했다. 인간의 욕망과 가치를 추구하고 싶다는 요구와 교회 중심의 경직된 사회에 대한 저항이 나타난 이 시기를 르네상스라고 한다. 르네상스는 프랑스어로 다시re 태어난다naissance는 의미로 우리말로는 문예 부흥이라고 한다. 이는 서양의 고전 문화가 중세 1000여 년 간 숨죽이고 있다가 다시 꽃피웠다는 뜻이다.

지상으로 내려온 학문

에라스무스(1466~1536)는 문예 부흥기의 대표적인 인문학자이다. 네덜란드에서 태어난 에라스무스는 25세에 기독교 사제가 되고 파리 대학에서 공부했다. 하지만 대학에서 고리타분한 연구와 무의미한 철학 논쟁만 일삼는 데 실망하고 1498년 영국으로 가서 토머스 모어(1478~1535) 등 영국의 인문학자들과 함께 공부했다. 그는 플라톤과 키케로 등 고대 철학자의 책을 읽으며 영감을 얻어 기독교와 그리스 고전 철학의 조화로운 결합을 추구했다. 1511년에는 『우신예찬』을 써서 '어

데시데리위스 에라스무스 우신예찬 원고

리석음의 여신(우신)'을 주인공으로 교회의 위선과 탐욕을 풍자했다. 『우신예찬』은 당시 큰 성공을 거두었고 오늘날에도 사랑받고 있다.

에라스무스를 비롯한 인문학자들은 대학에서는 모든 학문을 연구하고 가르쳐야 하며, 이성에 기반을 두고 학문을 평가해야 한다고 주장했다. 이러한 주장은 처음에는 이단으로 여겨졌지만, 종교개혁을 거치면서 사회에 받아들여졌다. 종교개혁 이후 대학은 오히려 소수의 특권층, 부유층에게 실생활에 이용할 수 없는 쓸데없는 이론만 가르친다는 비난을 받았다.

중세에 막강했던 기독교와 교회에 여러 문제점이 생겨났다. 세속의 권력과 돈에 관심을 가진 교회는 농민을 착취했고 농민들의 불만은 점점 커졌다. 대표적인 것은 '면벌부'였다. 기독교 교리에 따르면 죄를 지은 사람은 그에 합당한 벌을 받아야 한다. 그런데 교회에서는 돈을 내고 면벌부를 사면 죄를 지어도 고통스러운 벌을 받지 않고 천국에 갈 수 있다고 선전했다. 성직자들은 독일 각 지역을 돌아다니며 면벌부를 대대적으로 팔기 시작했다. 면벌부 판매를 계기로 일부 성직자들은 기존 교회 세력에 반대하며 새로운 교회를 만들기 위해 나섰다.

1517년 독일 비텐베르크 대학의 신학 교수였던 마르틴 루터는 면벌부 판매를 비판하는 95조의 반박문을 발표했고 이 글은 독일 각지로 퍼져나가 큰 반향을 불러일으켰다. "모든 평신도는 기본적으로 성직자와 동등하다", "기독교인은 모든 것의 주인이고 누구에게도 얽매여 있지 않다"는 루터의 주장은 널리 퍼져나갔다. 이처럼 기존 교회에 반대하고 교회를 새롭게 바꾸기 위한 커다란 움직임을 '종교개혁'이라고 하고, 새롭게 만들어진 교회를 '개신교'라고 부른다. 또는, 로마 시대부터 이어진 기존 교회를 구교(舊敎)나 가톨릭이라 하며 새로 생긴 개신교회를 신교(新敎)라고 부르기도 한다.

지식인 계층이 성장하는
동아시아

중국과 우리나라에서는 20세기 초까지 학자가 나라의 관리였다. 관리가 되기 위해서는 과거 시험에 합격해야 했고, 과거에 합격하기 위해서는 오랫동안 공부에만 전념해야 했다. 그 때문에 다른 일은 하지 않고 독서와 공부만 하는 사람들이 생겨났다.

● 중국

사회의 지배층으로 성장한 사대부

사대부士大夫라고 불리는 지식인들은 중국의 송 왕조에 이르러 사회의 지배층으로 성장하는데, 이들이 관리가 되고 학자가 되었다.

사대부는 원래 주 왕조 시절 관직 이름이었다. 주 왕조의 관직은 공公/경卿/대부大夫/사士로 나뉘었는데, 이 중 대부와 사를 합친 것이다. 사대부라는 호칭은 전국 시대에 처음 등장했는데, 관직을 얻어 평민에서 신분이 상승한 사람들을 일컬었다. 진 · 한 시대에 사대부는 주로 군인들에게 주어지는 중, 하급 관직이었지만, 한 왕조 이후 유학이 발전하고 황제가 임명한 관리가 나랏일을 담당하는 정치제도가 자리 잡으며 문관을 나타내는 말로 쓰이기 시작했다.

송 왕조에 이르러 유학을 공부하는 사람의 숫자가 크게 늘고, 과거 시험을 통해 관리가 된 사람들이 정치의 주도권을 잡으면서 과거를 치르기 위해 공부하는 이들도 사대부라고 부르기 시작했다. 과거를 준비하는 이들도 기존의 사대부와 동일한 목표를 이루고자 같은 내용을 공부했기 때문에 서로 같은 부류라고 생각하고 활발히 교류했다.

누구나 될 수 있었던 사대부

사대부는 태어나면서 얻는 신분이 아니었다. 과거에 응시할 정도로 열심히 공부할 수 있다면 누구나 사대부가 될 수 있었다. 물론 부유하거나 대대로 학자와 관리가 나온 집안 출신이라면 공부에만 전념해서 쉽게 사대부가 될 수 있었고, 가난한 농부의 자제나 상공업에 종사하는 사람도 어려운 환경을 무릅쓰고 공부해서 사대부가 되었다. 대대로 사대부 집안이라 해도 더 공부할 수 없는 환경이 되면 사대부 신분을 버리고 상업이나 공업에 종사했다.

과거제도 돌아보기

과거는 시험을 치러 백성을 다스리는 현명한 관리를 선발하는 제도이다. 송나라 황제인 진종은 열심히 공부하기를 권하는 시에 "부자가 되기 위해 좋은 땅을 사지 말라, 책 속에 큰 재물이 있다"라고 읊었다. 과거 시험에 합격해서 관직에 나가 출세하면 저절로 부유해진다는 뜻이다. 그래서 조금이라도 형편이 되는 사람들은 모두 과거 시험을 보려고 몰려들었다.

과거 시험을 치르기 위해서는 우선 나라에서 세운 학교에 입학해야 했다. 학교에 입학하기 위해서도 치열한 경쟁을 거쳐야 했다. 학교에 입학하면 생원生員이 되었다. 생원은 국가에서 학자금 지원을 받았고 최고 교육 기관에 입학할 자격과 과거 시험에 응시할 자격을 얻었다. 또한, 정식 관리는 아니지만 관리와 비슷한 대우를 받았다.

생원이라 해도 바로 과거에 응시할 수는 없었고, 예비 시험에서 좋은 성적을 거둬야 본 시험을 치를 수 있었다. 예비 시험을 통과한 생원은 3년에 한 번 치러지는 향시鄕試에 응시할 수 있었는데, 향시는 큰 도시에서 일제히 실시되었고, 정부에서 관리를 보내 시험을 감독하게 했다. 향시를 통과한 사람을 거인擧人이라고 불렀다. 향시에 합격한 사람은 본 시험 격인 회시會試를 치를 수 있고, 회시에 합격한 사람은 바로 황제가 직접 주관하는 마지막 시험 전시展試를 치렀다. 전시에 합격한 사람은 진사進士가 되고 관리로 임명되었는데, 진사가 되는 것은 가족과 출신 고을에게까지 큰 영광이었다. 군사 일을 맡아보는 관리를 선발하는 무과도 똑같은 과정의 과거 시험을 치렀다.

학교에 입학해서 과거를 치르는데 농민이든 상인이든, 관리의 자식이든 차별은 없었다. 또 과거 응시 나이에도 제한이 없었지만 14세 이하는 우대했고, 70세가 넘은 응시생은 명예 합격을 시켜 주었다. 과거를 보는 데는 신분보다는 집안의 경제력이 큰 문제였다. 학교에 입학하고 과거를 보기 위해서는 한 명의 남성이 10년이고 20년이고 다른 일을 하지 않고 오로지 공부만 해도 될 만큼 가정형편이 넉넉해야 했기 때문이다. 그렇지 않은 사람은 현실적으로 과거를 준비하기 어려웠다.

과거는 누구나 능력에 따라 관직에 나갈 수 있는 개방적인 제도였고, 과거를 통해 훌륭한 인재가 선발되었다. 하지만 시험 위주의 공부만 중요시되고 엄격한 형식에 얽매여 자유로운 사상과 학문의 발달을 막는 폐해도 있었다.

사대부와 학자

과거에 합격해서 높은 관직까지 승진하고, 국가 정책을 좌우하는 유명한 정치가이자 대학자가 된 사람도 있었지만, 그러지 못한 사람이 훨씬 많았다. 게다가 시간이 지날수록 과거 합격자 수가 많아져서, 과거에 합격하고도 관직을 얻지 못하는 사람도 많았다. 운 좋게 관직을 얻어도 높은 자리까지 승진하는 사람의 수는 적었다.

관직에 자리가 나기를 기다리던 사람 중에는 학문에 전념해서 유명한 학자가 된 사람이 많다. 유학을 새롭게 정리하고 경전을 해석해서 주사학*을 창시한 주희(1130~1200)는 19세에 과거에 합격하고 50여 년간 관리 명단에 이름이 올랐지만, 실제로 관청에 근무한 것은 8년이 채 되지 않았다. 천문, 지리, 의학, 점술, 식물학 등 다른 분야의 학문에 정통한 학자들도 있었다.

증가하는 사대부, 변함없는 관직 수

과거를 위해 공부하는 사람의 숫자는 계속 늘어났지만 나랏일을 하는 데 필요한 관리의 수는 정해져 있었다. 명 왕조 말기에 이르면 과거 응시 자격을 얻기 위한 시험의 경쟁률이 300~400:1을 넘었다. 1차 시험인 향시의 경쟁률도 300:1이 넘었다. 향시 급제자 10명 중 대략 1명이 과거에 최종 합격했으니, 최종 합격률은 100,000:1이 넘어 현실적으로 과거에 합격하기 매우 어려웠다.

공부는 했지만 과거에 합격하지 못하거나, 과거를 포기한 사람, 또

---

* 성리학이라고도 한다.

한 관직을 은퇴한 관리는 고향에서 마을 사람들 간의 갈등을 조정하고 세금을 걷고, 건설 공사를 하고, 학원을 세워 학생을 가르치는 등의 지도층 역할을 했다. 이들을 신사紳士 혹은 향사鄕士라고 불렀다. 이들은 세금을 면제받고, 관리 대우를 받는 특혜를 누렸다. 그 중에는 지방의 유력한 사람과 결탁해서 사리사욕을 채우는 사람들도 있었다.

과거를 포기한 산인

공부를 하는 것만으로는 경제적 이득을 얻을 수 없었다. 과거 시험을 포기한 사람은 어떻게든 생계를 유지할 방법을 찾아야 했다. 이들 중 고위 관리나 세력가의 일을 대신 해 주거나, 글이나 그림을 내다 팔면서 생계를 유지한 사람을 산인山人이라고 한다.

학문이나 글 솜씨가 뛰어난 사람은 고위 관리 대신 글을 썼다. 관리는 산인의 도움을 받아 명성을 높이는 대신 산인의 생활을 책임졌다. 산인 중에는 권세가*의 힘을 빌려 이름을 떨치는 사람도 있었다. 글을 쓰거나 그림을 그려 팔아 생계를 유지하는 산인도 있었는데, 과거 급제자들보다 더 뛰어난 재주를 발휘하기도 했다.

* 정치상 권력과 세력이 있는 사람

서양 학문이 들어오다

16세기 중엽부터 포르투갈 상인이 마카오를 중심으로 동양과 무역을 했고 이 과정에서 서양 학문이 중국에 조금씩 들어왔다. 본격적으로 서양 학문을 소개한 것은 가톨릭 선교사였다.

이탈리아 출신 예수회 사제인 마테오 리치(1552~1610)는 1578년 해외 선교를 시작해 인도, 마카오 등지에 머물다가 1583년 중국 선교를 시작했다.

마테오리치와 서광계

1601년에는 베이징에서 황제를 만나 중국 거주와 기독교 포교 활동을 허락받았고 높은 관리, 유명한 지식인들에게 수학, 천문학, 지리학 등을 가르쳤다. 그는 『천주실의』를 써서 기독교 사상을 설명했고, 「곤

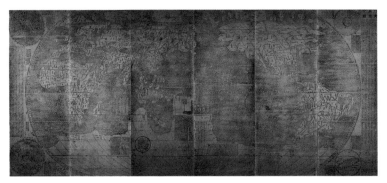

곤여만국전도

여만국전도」라는 세계 지도를 펴내 중국 지식인들에게 아프리카, 아메리카, 유럽 등 중국 바깥의 세상을 알렸다. 마테오 리치의 책은 우리나라에도 전해져 우리나라 지식인들도 서양 학문과 기독교에 눈을 뜨게 되었다.

고위 관리였던 서광계(1562~1633)는 유럽 학문에 흠뻑 빠져 마테오

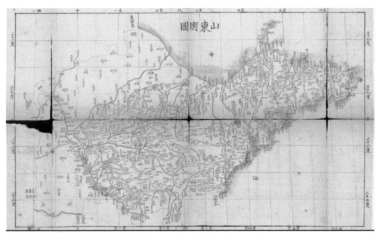

황여전람도, 산동반도 지역

리치의 도움을 받아 유클리드의 기하학을 『기하원본』이라는 제목으로 번역했다. 또한, 천문학 책을 번역해서 『숭정역서』라는 책을 내었다. 그 외에도 기독교 교리, 생리학, 해부학, 측량법 등 많은 책이 중국어로 번역되었다.

청淸 왕조 시기에는 프랑스 출신 선교사들이 많이 건너왔다. 이들은 중국을 측량하여 10년에 걸쳐 「황여전람도」라는 정밀한 지도를 만들었다. 시계, 대포와 같은 기계도 들어왔는데, 건륭제(1711~1799)는 시계를 좋아해서 이탈리아 출신 시계 제조 기술자를 초대하여 궁 안에 공장을 만들기도 했다. 중국에서는 도자기, 비단과 같은 물건이 서양으로 갔고, 유럽 왕실은 궁전을 중국 예술품으로 장식하기도 했다.

● 한국

고려 시대 사대부의 탄생

고려 시대 말, 우리나라에도 사대부가 등장한다. 고려는 귀족 중심의 사회였고, 무신보다는 문신을 우대했다. 1170년 불만을 품은 무신들이 정권을 장악했다. 무신들은 수많은 문신 관리를 죽이고 쫓아낸후 남은 빈자리를 행정 실무를 담당하던 하급 관리들로 채웠다. 이들은 주로 지방에 땅을 가진 중소 지주 출신들이었고, 학문적 교양과 행정 능력을 모두 갖추었다. '심성을 닦아 바른 윤리와 도덕을 실천하고 타인을 교화시켜야 한다'는 성리학을 받아들여 고려를 개혁하는 중심 세력이 된 이들을 '사대부' 혹은 '신진 사대부'라고 부른다.

조선의 건국, 사림의 출현

이성계(1335~1408)를 중심으로 정치권력의 중심에 떠오른 사대부는 새 왕조를 세우는 문제로 두 개의 세력으로 나뉜다. 이색, 정몽주, 길지 등은 고려 왕조를 유지하면서 제도를 개혁하기 원했지만, 정도전, 조준 등은 완전히 새로운 나라를 만들고 싶어 했다.

결국은 새 왕조를 열자는 세력이 승리해서 정몽주는 살해당하고, 이색을 비롯한 여러 명이 쫓겨난다. 이후 이성계는 왕이 되어 조선을 건국하고, 신진 사대부들은 지배층이 되었다. 조선 건국 이후 사대부는 성균관에서 교육을 받고, 과거를 통해 관리가 되어 학문과 문화를 책임졌으며, 세종 때 꽃피운 학문 발전의 뿌리가 되었다.

조선을 건국한 태조 이성계

15세기 무렵에는 기존의 사대부와는 생각을 달리하는 사람들이 성장했다. '두 임금을 섬기지 않

정몽주

는다'라는 절개와 의리를 중요한 가치로 생각하고, 자신들이 조선 건국에 반대한 정몽주와 길재의 학문을 이어받았다고 주장하는 새로운 학풍의 사대부를 사림士林파라고 부른다. 사림파는 중앙 정부에서 관직을 차지한 사대부들이 유교 정신을 지키지 못한다고 공격했고, 16세기 이후 꾸준히 성장해서 조선 정치의 주도 세력이 된다.

조선의 과거제도

조선에서도 양반이 관직에 오르기 위해서는 과거 시험에 합격해야 했다. 과거에는 행정 관리를 선발하는 문과文科, 군인을 선발하는 무과武科, 전문 기술직을 선발하는 잡과雜科가 있었다.

문과 시험을 보기 위해서는 먼저 소과小科에 합격해야 했다. 이 중 유교 경전을 해석하는 명경과에 합격한 사람을 생원生員, 글짓기를 위주로 하는 제술과에 합격한 사람을 진사進士라고 했다. 생원과 진사는 성균관에서 다른 학생들과 300일 이상 공부를 한 뒤 문과에 응시할 수 있었다. 문과는 대과大科라고도 했는데 1차 시험인 초시를 먼저 치르고, 합격자는 2차 시험인 복시를 치렀다. 복시에 합격한 사람은 왕 앞에서 최종 시험인 전시를 보았는데, 전시는 등수를 결정하는 시험이었다.

무과도 문과와 과정이 동일했지만, 문과는 양반만 응시할 수 있었던 것과 달리 무과에는 양반이 아니라도 응시할 수 있었다. 특히 임진왜란 이후에는 천민들도 무과를 볼 수 있었고, 무과에 합격하면 양인이 될 수 있어서 신분 상승의 기회가 되었다.

전문 기술시험인 잡과에는 역과(외국어), 의과(의학), 음양과(천문, 지리 등), 율과(법률)가 있었다. 주로 중인 계층이 응시했는데 대과, 소과의 구분이 없었고, 초시와 복시 두 단계만 있었다. 잡과에 합격한 사람은 각 관청의 하급 관리가 되었다. 아버지가 통역관이면 아들도 역과에 응시하는 등 전문 기술직은 대물림을 하는 경우가 많았다.

관직에 오르지 않은 학자, 산림

조선도 기본적으로 유학을 공부한 학자가 과거를 통해 관리가 되었다. 하지만 지방에서 과거를 보지 않고 학문에만 전념한 학자들도 있었는데, 이들을 산림山林이라고 한다. 과거에 합격한 사람은 산림이 될 수 없었고, 높은 수준의 학문과 덕망으로 존경받아야 산림 대접을 받았다.

나라에서는 산림을 존중하였으며 때에 따라서는 왕이 사신을 보내 서울로 불러 관직을 주기도 했다. 조정에서는 그들의 학식과 명망을 듣고 주로 왕을 대상으로 학문을 강의하는 일, 왕의 질문에 답을 하는 일, 왕세자를 가르치는 일을 맡겼다. 하지만 때로는 보여주기 식으로 학자를 불러들였기 때문에 며칠, 몇 달 안에 그만두고 돌아가는 경우도 많았다. 어떤 산림은 아무리 왕이 불러도 벼슬길에 나오지 않았다. 산림은 지방에서 큰 명망을 떨치는 학자였고, 제자도 여럿이었다. 제자 중에는 과거를 통해 고위 관리가 된 사람도 많았기 때문에 산림은 나라에 큰 영향을 미쳤다.

성리학의 틀을 벗어난 새로운 학문

17~8세기에 이르러 성리학 중심의 조선 학문이 변화하기 시작한다. 청 왕조를 통해 『천주실의』, 『기하원본』과 같은 기독교 교리와 서양 학문이 전해지고 지구본, 망원경, 지도와 같은 서양 물건도 들어왔다.

우리나라의 지식인들도 새로운 사상에 눈을 뜨기 시작했다. 청나라의 학술과 기술을 적극적으로 받아들여 경제생활을 풍요롭게 해야 한다고 주장하는 학자도 있었고, 수학과 천문학, 지리학을 성리학만큼이나 중요하게 여겨야 한다는 학자도 생겨났다. 일부에서는 과감하게 서양 학문과 기독교를 받아들일 것을 주장했다.

새로운 지식의 유입은 다양한 분야의 학문이 발전하는 데 도움이 되었다. 김정호는 전통 지도 제작법에 서양의 과학 기술을 더해 정확성을 높인 한반도의 지도 「대동여지도」를 만들었다. 예술 분야에서는 정선(1676~1759)이 중국 그림의 모방을 넘어서 독자적인 산수

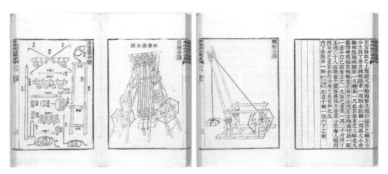

『화성성역의궤』에 실린 거중기(왼쪽)와 녹로(오른쪽)

화 그리는 법을 만들었다. 정약용
(1762~1836)은 중국과 서양의 과학
기술을 연구한 후 화성에 새로운 도
시 건설을 계획하고, 도르래의 원리
를 이용해서 무거운 돌을 들어 올리
는 거중기와 녹로, 건설 자재를 나르
는 유형거 등의 신기술을 사용했다.

정선 「금강전도」

새로운 시대,
변화하는 학문

오랫동안 종교의 영향을 받은 학문과 교육은 국가가 발전하며 정부의 뜻에 따라 휘둘리기도 했다. 19세기 이후 과학이 발전하며 합리적인 사고가 세상을 지배했고, 전보다 다양한 분야의 학문이 자리잡았다.

새로운 학문과
학자의 등장

종교의 손을 떠난 대학

자연과학과 기술이 발달하고, 이성과 합리적 사고를 중시하게 되면서 대학과 학자의 모습이 달라졌다. 19세기 무렵부터 대학은 교회의 영향력에서 벗어나 인류와 사회의 발전에 이바지할 수 있는 인문학과 실용적인 학문을 연구하고 가르치기 시작했다. 철학과 신학은 사회과학과 자연과학에 자리를 양보했다. 교수를 겸하는 성직자의 수는 줄어들어 찾아보기 어려워졌고, 학자의 주요 역할은 국가와 사회의 발전에 기여하는 것이 되었다.

자신만의 새로운 연구를 하는 박사의 탄생

19세기에 세워진 베를린 대학은 이름난 학자를 교수로 채용하고 교수의 주요 역할은 '새로운 연구'를 하는 것임을 강조했다. 베를린 대학은 박사Ph.D.라는 새로운 자격을 만들었다. 박사 학위를 얻기 위해서는 자신만의 독창적인 연구를 한 다음 결과를 글로 정리한 논문을 제출해서 심사를 받아야 했다. 대학에서는 자신의 전공 분야를 잘 아는 학자만이 좋은 교수가 될 수 있다고 생각했기 때문에, 대학의 목표는 '교사'보다는 '학자'를 길러내는 것이었다. 미국에서는 예일 대학이 1861년 처음으로 박사 학위를 주기 시작했다.

새로운 학문의 등장

산업이 발전하고, 도시가 커지면서 사회는 점점 복잡해졌다. 사회에서 발생하는 문제를 해결하기 위해 사회학, 심리학과 같이 새로운 연구 분야가 학문으로 자리잡았다.

과거의 유명한 학자는 수학자이자 천문학자이고 철학자였지만, 방대한 지식이 쌓이고 과학 기술이 발전하면서 더 이상 혼자서 여러 분야를 연구할 수 없게 되었다. 그래서 학자는 자신의 전문 분야에 집중하여 연구하게 되었다.

20세기 이후 학문 분야는 더 자세하게 나뉘었다. 예를 들어 수학을 연구한다 해도 어떤 학자는 집합을 연구하고, 어떤 학자는 통계를 연구하는 것처럼 학자마다 주요 연구 분야가 달랐다.

출판하지 않으면 사라진다

대학에서는 교수가 연구한 내용을 글로 정리한 다음 잡지에 발표하거나 책으로 펴내지 않는다면 학자로서의 역량이 부족하다고 판단했다. 대학교수의 삶은 "출판하지 않으면 사라진다Publish or perish"라는 한 문장으로 정리할 수 있다. 어떤 대학은 학생들을 가르치는 데 시간과 노력을 '낭비'하지 말고 논문을 쓰라고 교수들을 압박하기도 했다. 지금도 연구 후 발표하는 논문의 수가 학자의 역량을 나타내는 증거로 여겨지고, 일정 기간 동안 정해진 수 이상의 논문을 발표해야만 대학교수가 될 수 있다.

인기 스타가 된 학자

20세기 중반부터는 방송에 나와 유명해지고 사람들의 인기를 얻는 학자도 생겨났다. 이들은 방송을 보는 사람들이 어려운 내용을 이해할 수 있도록 쉽고 재미있게 설명한다. 인기를 얻은 학자는 그 분야의 권위자로 여겨진다. 하지만 이 권위는 학문 연구 결과에 의한 것이 아니라 대중의 인기에 바탕을 둔 것이기 때문에 사소한 일로도 금방 사라져 버린다. 요즈음에는 인터넷을 통해 학자가 자신의 연구를 대중에게 소개하기 더 쉬워졌고, 자신의 강의 영상을 공개하는 교수도 많다.

다시 등장한 여성 학자

고대 역사에는 뛰어난 여성 학자가 등장한다. 그러나 중세 유럽의 대학은 여학생의 입학을 허용하지 않았기 때문에, 여성은 오랫동안 고등 교육을 받을 수 없었다. 18세기 이후에야 비로소 여자도 고등 교육을 받을 수 있게 되었다. 엘레나 피스코피아(1646~1684)는 이탈리아의 철학가이자 신학자로 1678년 여성으로서는 최초로 박사 학위를 받았다. 이탈리아의 물리학자인 라우라 바시(1711~1778)는 두 번째로 박사 학위를 받았으며 물리학 교수로 재직한 최초의 여성이다.

마리 퀴리(1867~1934)는 1903년 라듐 연구 성과를 인정받아 남편인 피에르 퀴리와 공동으로 노벨 물리학상을 수상하였는데, 여성으로서는 최초였다. 1911년에는 노벨 화학상까지 수상하여, 물리학상과 화학상을 모두 받은 유일한 인물이기도 하다. 2020년까지 노벨 과학상

최초의 여성 박사 엘레나 코르나로 피스코피아(왼쪽), 최초의 여성 과학 교수 라우라 바시(가운데), 최초의 여성 노벨상 수상자 마리 퀴리(오른쪽)

수상자는 총 624명이며 그 중 여성은 23명이다. 요즘에는 모든 학문 분야에서 다양한 여성 학자가 뛰어난 실력을 발휘하고 있다.

19세기 이후
동아시아의 학자

● 중국

군주제의 몰락

청 왕조는 19세기에 접어들면서 내부적으로는 만연한 부정부패와 반란, 밖으로부터는 서양 국가들의 침략에 시달렸다. 특히 영국은 인도에서 재배한 마약인 아편을 청에 수출해서 큰 이익을 보았는데 청에서 아편을 금지하자 '아편전쟁'을 일으킨다. 청은 근대화된 영국 군대를 이기지 못해 전쟁에 패배한다. 청은 영국에 막대한 배상금을 주기 위해 농민에게 가혹한 세금을 거두는데, 이에 사는 것이 힘들어진 백성들은 반란을 일으켰다.

프랑스, 독일, 미국, 러시아 등의 나라도 계속 청을 공격해서 각종

이권을 장악한다. 청
은 서양 문물을 도입
하고 제도를 개혁하
지만 결과는 썩 좋지
않았다. 결국, 일본과
의 전쟁에서도 패배
한 청은 1911년 쑨원

아편전쟁, 침몰하는 중국 배

(1866~1925)이 이끈 신해혁명으로 무너지고, 수천 년간 이어온 중국의
군주제는 막을 내린다.

과거제 폐지

청 왕조 말기 1905년, 수 왕조 이래 계속 시행되어 온 과거제를 폐지
한다. 과거제는 신분과 관계없이 좋은 인재를 선발할 수 있다는 장점
이 있었지만, 새로운 학문과 기술의 전문가를 받아들이지 못했다. 아
무리 뛰어난 지식과 기술을 가진 학자라도 시험을 통과하지 못하면
세상에 뜻을 펼치기 어려웠기 때문이다. 청 왕조는 이렇게 기존의 제
도를 크게 바꾸고 서양 문물을 받아들이며 변화를 꾀했지만 왕조의
몰락은 막지 못했다.

중화민국 시대

1911년 신해혁명으로 수립된 중화민국은 왕조 시대에 모든 사상과 학문의 중심이었던 유학을 더는 신봉하지 않고 민주주의와 과학을 적극적으로 받아들였다. 이 시기 중국에는 각종 학문 연구 단체와 연구소가 생겨났다. 1928년에는 국가에서 중앙연구원을 설립했는데, 여기에는 물리, 화학, 천문, 기상, 공정, 지질, 사회과학, 역사, 언어, 심리, 동

식물 연구소가 있었다. 하지만 일본과의 전쟁으로 사방으로 흩어져 실질적인 활동은 하지 못했다.

현재 중앙연구원 정문

중화인민공화국과 문화혁명

공산주의를 지지하는 세력은 점점 성장해서, 마침내 1949년 기존의 국민당 정부를 몰아내고 마오쩌둥(1893~1976)을 중심으로 중화인민공화국을 건국한다. 중화인민공화국은 1966년 낡은 사상을 없앤다는 명분으로 그때까지 중국이 쌓은 학문과 예술, 문화를 파괴하는데, 이를 문화혁명이라고 한다. 학사, 교수, 교사 등의 지식인들은 공산주의를 방해하는 세력으로 몰려 탄압당했다. 많은 수의 지식인이 반성문

을 쓰고, 군중 앞에서 자신을 비판하고 오랫동안 힘든 노동을 해야만 했다. 마오쩌둥은 진시황의 분서갱유를 칭찬하고, 공자는 이름만 높을 뿐 알고 보면 껍데기일 뿐이라고 비판하기도 했다. 중

마오의 사상을 담은 『마오 주석 어록』을 들고 있는 사람들

국의 전통 학문, 문화, 예술은 파괴되어 사라졌고, 학자들은 모욕과 괄시를 받았다. 하지만 마오쩌둥이 죽고 난 후 중국 공산당은 문화혁명은 잘못한 일이라고 공식적으로 인정했으며, 쫓겨난 지식인은 다시 자기 자리로 돌아와 당시 입은 문화적 피해를 복구하기 위해 힘썼다.

● 한국

혼란스러웠던 19세기의 조선

19세기 조선은 혼란스러웠다. 몇몇 가문은 자기의 이익만 앞세워 권력을 마음대로 휘둘렀다. 관리들은 백성에게서 많은 양의 세금을 거두어들였고 견디다 못한 농민은 전국에서 반란을 일으켰다.

홍선대원군

1863년 고종(1852~1919)이 11살이라는 어린 나이에 왕이 되어 왕의 아버지였던 홍선대원군(1821~1898)이 대신 나라를 다스리는 섭정을 했다. 홍선대원군은 새로운 법전을 펴내 질서를 바로잡고, 인재를 등용하는 것과 같은 개혁을 추진했다. 하지만 지배층은 홍선대원군의 개혁 정책에 반대했다. 또한, 왕실의 권위를 높이기 위해 임진왜란 때 불탔던 경복궁을 다시 짓는 등의 무리한 일을 벌여 백성들의 원성을 샀다.

홍선대원군은 다른 나라와 외교와 교역을 금지하는 통상수교 거부 정책을 폈다. 그러나 홍선대원군이 반대 세력에 밀려 쫓겨난 후, 조선은 군함을 앞세운 일본과 강제로 강화도 조약을 맺어 부산, 원산, 인천의 세 항구를 개방한다. 강화도 조약은 후일 일본이 조선을 침략하는 토대가 되는 불평등한 조약이었다. 이후 조선은 미국, 청, 영국, 독일, 러시아, 프랑스와 잇달아 통상조약을 맺지만, 모두 조선에 불리한 조약이었다.

조선이 강한 나라가 되기 위해서는 서양 문물을 적극적으로 받아들여야 한다고 주장하는 학자와 관리도 많았다. 이들은 강화도 조약 이후 중앙 정부에 진출해서 정권을 잡고 개혁을 추진했다. 조선은 일본과 청, 미국에 사절단과 유학생을 보내 새로운 제도와 기술을 배워오도록 하며 본격적으로 서구 문물을 받아들였다.

일제 강점기의 학문

일제는 자신의 역사를 미화해서 침략의 정당성을 입증하는 근거로 삼고, 우리나라의 역사는 말살하려 했다. 또한, 서양에서 받아들인 학문을 식민지 통치에 이용했다.

경성제국대학 전경

일제 강점기 우리나라의 유일한 대학은 경성제국대학이었다. 하지만 대학교수는 전부 일본인이었고, 우리나라 사람은 교수가 될 수 없었다. 연구를 해도 결과를 발표할 수단이 없었기 때문에, 실질적으로 우리나라 사람에게 학문 연구는 허용되지 않는 것이나 다름없었다.

그렇지만 독자적인 역사 연구의 선구자 신채호(1880~1936), 민족 음악을 되살린 안확(1886~1946), 우리말을 지킨 조선어학회처럼 어려운 환경에서도 꿋꿋이 연구하고, 민족의 독립을 위해 몸 바친 학자들도 있다.

21세기, 지금 우리나라

1945년 일본의 패망으로 독립한 우리나라는 3년 후 1948년 대한민국 정부를 수립했다. 6·25전쟁을 치르고 통일은 이루지 못했지만, 대한민국은 경제적, 정치적, 문화적으로 계속 발전했다. 서양식 교육제도를 받아들인 대한민국의 학자는 주로 대학교 교수이거나 인문과학, 사회과학, 자연과학, 공학 등등 각종 연구소에서 일하고 있다.

오늘날과
미래의 학자

학문에 능통한 사람, 또는 학문을 연구하는 사람을 학자라고 한다. 그러나 자신의 직업을 학자라고 소개하는 사람은 많지 않다. 직업인으로서의 학자가 오늘날과 미래에 어떤 변화를 겪을지 살펴본다.

학자라는 직업이 있나요?

직업으로서의 학자

학생을 가르치는 사람은 '교사', 병을 치료하는 사람은 '의사', 시민을 범죄로부터 보호하는 사람은 '경찰'이라는 직업을 가지고 있다. 학자는 어떤 대상을 전문적으로 연구하는 사람이다. 하지만 직업이 무엇이냐는 질문에 "나는 학자입니다"라고 답하지는 않는다.

역사적으로 학자라는 직업에 많은 변화가 있었지만, 언제나 공부를 하는 것만으로는 경제적 수입을 얻기 힘들었다. 간혹 연구를 위한 후원을 받기도 했지만 대부분의 학자는 국가가 요구하는 연구를 하거나 학생들을 가르치며 수입을 얻었다. 이는 지금도 마찬가지이다. 학자는 대학 또는 국가나 기업에서 만든 연구 기관에서 일하고 있다. 학자는 학문 연구에 많은 시간을 쏟지만, 생계를 유지하기 위해 전문 지식과 연구가 활용되는 다른 일을 병행한다. 즉, 학자는 연구를 하는 사람을 통틀어 부르는 말이다.

학자가 하는 일

학자는 연구를 하는 사람이다. '연구'란 관심 있는 대상에 대해 질문을 품고, 지속해서 탐색, 조사하고, 생각하여 답을 알아내는 일이다. 답을 찾을 때는 해당 분야에서 인정받는 방식을 써야 한다. 수학에서는 수학적 증명을 하고, 화학에서는 실험을 하며, 사회학에서는 현장조사를 한다. 답을 찾는 과정은 논리적이고 합리적이어야 한다. 그리고 조사한 자료를 잘 분석해서 타당한 논리를 갖추어 답을 내야 한다. 답을 낸 후에는 전체 과정을 잘 정리해 글로 써서 동료 학자들에게 보여주고 그들의 의견을 듣는다. 그 후에는 누구나 볼 수 있는 잡지나 책에 자신의 글을 싣는다. 학자는 질문, 연구, 해답, 출판의 과정을 반복한다.

학자에게 필요한 역량

학자가 하는 일을 살펴보면 학자가 되기 위해서 어떤 역량과 자질이 필요한지 알 수 있다. 우선 창의적인 질문을 할 수 있어야 한다. 다른 사람들도 던질 만한 평범한 질문은 다른 누군가 이미 답을 했을 확률이 높기 때문에 연구 대상이 되기에 부족하다. 좋은 질문이 좋은 답을 찾을 수 있다.

연구 과정에서는 논리적이고 비판적으로 생각할 수 있어야 한다. 앞서 이루어진 다른 학자의 연구 결과를 잘 살피고, 동료 학자의 비판을 주의해서 새기면서도 자기만의 독창성이 있어야 한다.

자신의 연구 결과를 잘 알리는 역량도 필요하다. 또한, 요즘 연구는 혼자 하는 것이 아니라 여러 동료 학자와 같이 협력해서 하는 경우가 많다. 그래서 협동심이 있어야 좋은 결과를 얻을 수 있다. 훌륭한 연구는 결과를 이뤄내기까지 몇 년에서 몇 십 년이 걸리기도 한다. 긴 시간 동안 흔들리지 않고 꾸준히 자신의 연구를 계속할 수 있는 끈기도 매우 중요하다.

〈좋은 학자가 되기 위한 역량〉

1. 창의적 질문　　　2. 논리적, 비판적 사고

3. 독창성　　　　　4. 글쓰기 등 소통 능력

5. 팀워크　　　　　6. 끈기

변화하는 환경, 미래의 학자

기술의 발전

과학 기술의 발전이 경제, 사회, 문화 등 모든 분야에 큰 변화를 불러일으켰다. 최근에는 인간처럼 사고하고 행동하는 인공지능, 일상생활에서 사용하는 물건이 인터넷에 연결되는 사물인터넷, 수많은 정보를 저장하고 분석할 수 있는 빅 데이터, 사람이 직접 운전하지 않아도 목적지를 찾아가는 자율주행 자동차 등의 새로운 기술이 등장하며 우리가 지금껏 경험해 보지 못한 속도로 세상을 바꾸고 있다. 이러한 사회적 현상을 '4차 산업혁명'이라고 부르기도 한다.

직업의 변화

기술의 발전은 산업을 변화시키고, 그에 따라 사람들이 하는 일도

1, 2, 3차 산업혁명이란?

18세기 증기 기관을 비롯한 기계의 발명으로 인간의 삶이 큰 변화를 맞이하였는데 이를 1차 산업혁명이라 한다. 이후 전기를 이용한 산업의 발달로 인한 변화가 2차 산업혁명, 컴퓨터와 인터넷의 발달로 산업 구조가 바뀐 것이 3차 산업혁명이다. 하지만 '산업혁명'이라고 하면 주로 1차 산업혁명을 일컫는 것이며, 2차, 3차, 4차 산업혁명은 학자마다 의견이 다르다.

달라진다. 특히 인공지능의 발전은 사람들의 직업을 크게 변화시킬 것이다. 가까운 미래에 현재 직업의 40% 이상을 인공지능이나 로봇이 대신하리라 주장하는 사람도 있다. 특히, 단순히 같은 일을 반복하는 직업은 빠르게 사라질 것으로 예측한다.

그러나 사람을 직접 만나서 해야 하는 일, 경험과 판단력이 필요한 일, 창의성을 발휘해야 하는 일은 기술로 대체하기 힘들다. 게다가 기술의 발전으로 새롭게 생겨나는 직업도 많다. 이제는 사람이 즐겁게 놀 수 있는 방법을 제시하거나, 시간을 잘 쓰도록 돕는 일도 직업이 되었다. 단순하고 지겨운 일을 새로운 기술로 대신할수록 사람은 남는 시간을 더욱 즐겁고, 창조적인 활동에 쓸 수 있게 될 것이다.

필요 역량의 변화

변화한 사회에 잘 적응해 살아가기 위한 필요 능력도 이전과는 달라졌다. 이제 인터넷으로 누구나 쉽게 필요한 지식과 정보를 얻을 수 있다. 앞으로는 수많은 정보 속에서 복잡한 문제 해결에 필요한 정보를 찾아 문제를 창의적으로 해결하는 능력이 더욱 필요해졌다. 또한, 국가를 넘어 전 인류가 직면한 문제에 도전해야 한다.

세계 여러 나라의 기업인 · 학자 · 언론인 · 정치인 등이 모여 경제

개인에게 필요한 역량 10가지

❶ 복잡한 문제를 해결하는 능력

❷ 논리와 추론을 활용한 비판적 사고

❸ 창의성

❹ 다른 사람을 가르치거나, 이끄는 능력

❺ 다른 사람과 협조하는 능력

❻ 다른 사람의 기분이나 상태를 이해하는 능력

❼ 올바른 결정을 내리는 능력

❽ 다른 사람을 돕는 방법을 찾는 능력

❾ 다른 사람의 생각이나 행동을 변화시키는 협상 능력

❿ 한 가지 생각의 틀에서 벗어나 다양한 가능성을 찾는 유연성

를 주제로 토론하고 연구하는 세계 경제 포럼World Economic Forum은 다음과 같이 2020년에 개인에게 필요한 역량 10가지를 제시했다.

학문의 변화

폐쇄에서 개방으로

아리스토텔레스는 철학자이면서 교육학, 윤리학, 정치학, 물리학, 생물학을 연구한 학자였다. 고대에는 학문 분야가 뚜렷하게 나누어져 있지 않았다. 시간이 지나며 학문 분야는 인문과학, 사회과학, 자연과학의 분과 학문Science으로 나뉘고, 분과 내에서도 구분되었다. 학자는 전체 학문의 아주 작은 부분을 연구하고, 비슷한 분야를 연구하는 사람들끼리 모여 협력하는 사회를 만들었다. 이 사회에 속하지 않으면 다른 사람의 연구를 알기 어려웠고, 자기의 연구를 널리 알리기도 힘들었다.

그러나 기술의 발달로 사람들이 네트워크로 연결되고, 다양한 정보를 찾고 공유하기 쉬워지면서 학문 연구 양상도 이전과는 달라지기 시작했다. 소수의 학자끼리만 공유하던 지식과 정보를 일반인도 쉽게 알 수 있게 되었다. 이제 누구나 인터넷을 통해 연구 논문을 내려받아 볼 수 있으며, 세계 유명 대학의 강의도 언제 어디서나 들을 수 있다. 앞으로는 지식과 정보에 접근하는 것이 더 쉬워질 것이며, 보다 많은 사람들이 학문 연구 성과를 이해하게 될 것이다. 미래에는 대학이나 연구소에서 연구 시설을 갖추고 연구하는 것뿐만 아니라, 더 많은 사람이 열정을 가지고 자기가 원하는 장소에서 연구하고, 연구 결과를 여러 사람과 공유하고, 의견을 들을 것이다. 그렇게 새로운 연구가 시작되는 시대가 열릴 것이다.

분화에서 융합으로

20세기 후반부터 다른 학문 분야의 방법, 개념, 연구 결과 등을 이용하여 새로운 물음을 제기하고 답을 내는 공동 연구(학제 간 연구)가 많이 이루어졌다. 예를 들어 심리학 연구는 생물학이나 신경과학에서 발견된 사실을 응용하고, 컴퓨터 과학은 심리학에서 만든 인간 마음의 모형을 활용하는 등 학문 간의 경계를 넘어 발전했다. 이러한 공동 연구를 통해 학자들은 새로운 질문을 할 수 있게 되었고 좁은 틀에 갇혀 전에는 보지 못했던 해답을 찾아냈다. 또한, 새로운 학문 분야가 만들어지기도 했다.

융합 학문

기존의 학문 분야가 결합하여 만들어진 새로운 학문을 '융합 학문'이라고 한다.

행동경제학behavioral economics은 심리학과 경제학이 합쳐진 것이다. 경제학에서는 인간이 자기의 이익을 최대로 만들기 위해 합리적으로 생각하고 판단한다는 것을 기본 전제로 한다. 하지만 심리학에서 사람이 언제나 합리적이지 않고, 때로는 불합리한 결정을 내린다는 사실을 밝혔다. 그래서 행동경제학에서는 사람이 언제나 합리적이지 않기 때문에, 실제로 사람이 어떻게 행동하는지를 관찰해서 경제학의 원리를 밝혀야 한다고 주장한다. 예를 들어 사람은 손해를 이

카너먼과 트버츠키의 1979년 실험

카너먼과 동료 트버츠키(1937~1996)는 사람들에게 다음과 같은 질문을 했다.

"A와 B중 어떤 것이 좋은가?"
A: 4,000 파운드를 80%의 확률로 받기
B: 3,000 파운드를 100%의 확률로 받기

조사 결과 응답자의 80%가 B를 택했다. 합리적으로 계산했을 때 기댓값은 A(4,000×0.8=3,200)가 B(3,000×1=3,000)보다 크기 때문에 A를 선택해야 한다. 하지만 사람들은 더욱 확실한 이득을 좋아했다.

선택지를 이득에서 손해로 바꾸면 응답도 달라졌다.

A: 4,000 파운드를 80%의 확률로 손해
B: 3,000 파운드를 100%의 확률로 손해

조사 결과 응답자의 92%가 A를 택했다. 사람들은 확실한 손실을 피하고 싶어 한다. 이처럼 사람의 행동은 합리적인 확률과 기댓값 계산결과와는 달랐다.

익보다 더 크게 생각한다. 같은 1000원이라도 얻었을 때보다 손해 봤을 때 더 크게 느낀다는 것이다. 행동경제학의 선구자 대니얼 카너먼 (1934~)은 심리학자 출신이지만 2002년 노벨 경제학상을 수상했다.

신경신학neurotheology은 신학과 신경과학의 융합으로 종교나 영적 믿음이 인간의 뇌와 어떤 관계가 있는지를 연구한다. 명상이나 기도를 하는 종교인들의 뇌를 관찰하면 뇌의 오른쪽 앞 부위에서 활발한 반응이 나타난다. 또 강렬한 종교적 경험을 하면 뇌 구조 자체가 변화한다는 연구도 있다. 이와 비슷하게 아름다움을 경험할 때 뇌가 어떻게 반응하는지를 연구하는 신경미학neuroesthetics도 있다.

물리학, 생물학, 사회학, 경제학, 인류학, 컴퓨터 과학을 공부한 학자들은 함께 자연 현상과 사회 현상에서 공동 원리를 찾으려고 연구한다. 뇌를 구성하는 신경 세포의 연결, 원자와 분자 구조의 연결, 사회 속에서 사람들 간의 관계, 인터넷을 통한 정보의 연결 등 서로 다른 대상에서 공통으로 연결되는 원리를 찾으려는 이 분야를 네트워크 과학 network science라고 한다. 보다 근원적이고 중요한 문제에 관심을 가진 학자들은 학문 사이의 경계를 넘나들면서 이전까지는 발견하지 못했던 새로운 질문과 해답을 찾아내고 있고, 이 움직임은 앞으로도 계속될 것이다.

학자의 미래

고대 그리스의 철학자와 21세기에 행동경제학을 연구하는 학자가 하는 일의 본질은 다르지 않다. 새로운 연구 분야와 그 분야의 전문 지식이 필요한 직업은 지금도 계속 등장하고 있으며, 앞으로도 그럴 것이다. 세상 모든 것에 대해 질문을 던지고, 그 해답을 찾아가는 학자의 일은 미래에도 달라지지 않을 것이다.

깊이 있는 공부를 하고 싶다면

대학교수가 되는 방법

학자는 자신이 더 깊이 공부를 하고 싶은 분야를 정해 연구를 하는 사람이다. 그래서 누구나 마음만 먹으면 학자가 될 수 있다. 하지만 대학교의 교수나 연구소의 연구원이 되기 위해서는 자격이 필요하다.

대학교수가 되기 위해서는 대부분의 분야에서 박사 학위가 필요하다. 박사 학위를 얻기 위해서는 분야와 개인에 따라 차이가 있지만 대학을 졸업하고도 오랜 시간 공부를 해야 한다. 또한, 자신의 연구 결과를 정리한 학위 논문을 작성하여 심사를 통과해야 한다.

박사 학위를 받았다고 바로 대학교수가 되는 것은 아니다. 대학교에는 교수를 채용하기 위한 저마다의 기준이 있다. 대학에서는 훌륭한 학자를 선발하기 위해 지원한 사람의 연구 성과를 살핀다. 연구 성과는 대표적으로 논문으로 나타난다. 학계에서 인정하는 유명한 잡지에 논문을 많이 실은 사람은 뛰어난 성과를 거둔 것으로 본다. 그래서 학자는 박사 학위를 얻은 후에도 연구를 계속하고 논문을 쓰는데, 이를 게을리 하면 교수가 되기 어렵다. 교수가 된 후에도 연구 성과에 따라 평생 교수직을 보장받는지 아니면 몇 년 후 다른 대학을 찾아야 하는 지가 결정된다. 평생 교수직을 보장받은 경우에도 승진하기 위해서는 계속 연구 성과를 내야 한다.

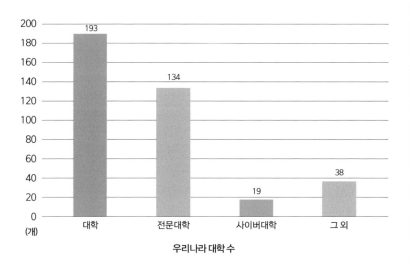

우리나라 대학 수

우리나라에는 2021년 기준 전문대학, 사이버대학, 원격대학 등을 포함해서 총 381개의 대학이 있으며, 교수의 수는 총 82,746명이다. 이 중 약 28%인 23,307명이 여성이다. 대학에 소속된 교수가 아니라 다른 직업을 가지고 있거나, 다른 직업을 구하기 위해 준비하면서 임시로 강의를 하는 사람은 1년에 평균 10만여 명 정도다.

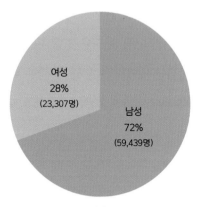

교수직 현황(2021)

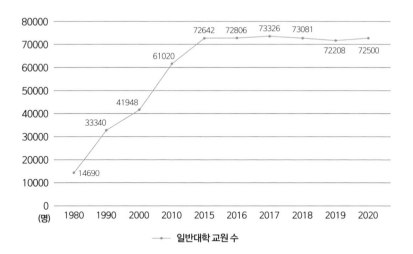

연구소에서 일하는 방법

연구소에서 일하는 사람은 연구원researcher이라고 부른다. 연구소는 인문과학, 사회과학, 자연과학, 공학 등 분야별로 학문을 연구하고, 기술을 개발해서 정부, 학교, 민간 기업에 필요한 지식을 공급하는 곳이다.

우리나라에는 정부에서 운영하는 연구소, 학교에서 운영하는 연구소, 민간 기업에서 운영하는 연구소, 개인이 운영하는 연구소 등의 다양한 연구소가 있다. 2018년을 기준으로 우리나라에는 약 4,000여 개의 각종 연구 개발 기관이 있으며, 이곳에서 일하는 사람은 약 17만 명 정도이다.

연구소마다 연구원에게 요구하는 전공, 학위, 연구 성과 등이 다르기 때문에 어떤 자격을 갖추어야 하는지 딱 잘라서 이야기할 수는 없다. 연구소에서 일하는 사람의 약 75% 정도는 석사 이상의 학위를 가졌고, 약 25%는 학사 학위를 가졌다. 연구소에서 일하다가 대학교수가 되거나 대학교수로 일하다가 연구소로 옮기는 사람도 있다. 세계적으로 유명한 기업에서 운영하는 연구소는 연구를 위해 준비된 시설과 장비가 훌륭하고, 월급도 많이 주기 때문에 사람들에게 인기가 있다.

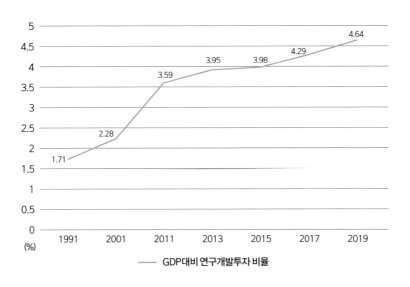

―――― GDP대비 연구개발투자 비율

학문과 학자의 전망

대학교수는 2008년 73,072명에서 2017년 90,902명으로 매년 늘어났지만 2018년부터는 조금씩 줄어드는 추세다. 2028년까지는 매년 1.6~1.7% 정도가 줄어들 것으로 예상한다. 가장 큰 이유는 학생 수가 줄어들기 때문이다. 2020년에 대학에 진학하려는 학생은 약 47만 명이었지만 2023년에는 약 40만 명 정도가 되리라 예측한다. 학생이 줄어들기 때문에 대학에서도 교수의 수를 늘리지 못하고 있다. 반면 박사 학위 소지자는 매년 증가하고 있어서 교수가 되기 위한 경쟁은 더 치열해질 전망이다.

연구원은 더 늘어날 것이다. 2028년까지 해마다 2% 이상 늘어나, 2028년에는 23만 명 정도가 될 것으로 본다. 그중에서도 특히 4차 산업혁명과 연관된 기술 분야의 연구원은 계속 증가할 것이다. 인문과학 분야에서는 높은 교육열과 정부의 지속적인 투자로 교육학 관련 연구원의 수요가 증가할 것이며, 기업에서 인력 선발, 역량 평가 분야, 청소년 진로 지도, 사회 전체의 정신 건강 관리 등에서 심리학 관련 연구원을 더 많이 필요로 할 것이다. 급변하는 사회 환경 변화에 따라 미래를 예측하고 준비하기 위한 사회과학 분야 연구원도 증가할 것이다. 특히 코로나19와 같은 전 세계적 전염병이 사회와 경제 전반에 큰 영향을 미치고 있는 지금 미래의 변화를 예측하는 것은 더욱 중요해지고 있다.

2부

지식을 보전하는 사람,
사서

도서관과 사서

문자가 발명되고 기록할 수 있는 수단이 보급되면서 인간의 경험

과 지식은 사람의 머릿속 기억으로만 남지 않고 기록되기 시작했

다. 이어 지식과 경험이 기록된 물건을 한자리에 모아 보관하는

도서관, 박물관이 만들어졌다. 그리고 여기서 다양한 기록물을

수집하고, 분류해서 정리하고, 이용하기 편하도록 전시하는 일을

담당하는 사람이 생겨났다.

도서관과 사서의 탄생

도서관과 책을 관장하는 사서

도서관에서 책을 빌려주고 돌려받는 사람이 있다. 원하는 책을 찾을 수 있도록 안내하기도 하고, 궁금한 주제와 관련 있는 책을 추천하기도 한다. 도서관을 이용할 때 만날 수 있는 사서同書, Librarian다.

사서는 지식이 기록, 보존, 전달되는 과정을 관리하는 전문가이다. 책을 전문적으로 관리하는 사서는 책을 보관하는 공간인 도서관이 만들어진 뒤에 생겨났다. 사서라는 직업의 탄생과 변화를 살펴보기 위해서는 먼저 도서관의 역사를 알아볼 필요가 있다.

가장 오래된 도서관의 흔적

가장 오래된 도서관 유적은 메소포타미아 지역에서 발견되었다. 지

아슈르바니팔의 도서관 일부(대영박물관)　　　　아슈르바니팔의 도서관 일부(대영박물관)

금의 이라크 동남부 지역인 니푸르의 신전에서는 점토판이 가득 보관되어 있는 기원전 3000년 전의 문서보관소가 발굴되었는데, 이것이 가장 오래된 도서관의 흔적이다.

　기원전 7세기 아시리아 제국을 통치했던 아슈르바니팔(BC685~BC629) 2세는 수도 니네베에 대형 도서관을 세웠다. 그는 왕이 되자마자 왕실의 필경사에게 전국을 돌면서 왕실에 보관하기 적합한 내용이 담긴 점토판을 발견하면 모두 가져오라는 명령을 내렸다. 명령을 받은 필경사는 왕국 내의 사원과 집을 돌아다니며 당시 책과 동일한 역할을 했던 점토판을 압수해서 왕궁으로 보냈다. 아슈르바니팔 2세는 이 점토판을 모아 도서관을 만들었다. 메소포타미아 여러 지역에서 수집된 3만여 개의 점토판 책에는 고대 신화, 서사시, 예언서, 문학 작품이 포함되어 있었다. 도서관의 책이 왕의 것임을 명확히 알리고자 모든 책의 끝에는 왕의 서명이 들어갔고, 책을 훔치거나 파괴하는 사람에게는 끔찍한 저주가 내릴 것이라는 경고 문구도 새겼다. 이미 있는 책을 베껴 새로운 책을 만들 때도 엄격한 규칙을 따랐으며, 베껴 적은 필경사의 이름이 왕의 이름과 함께 들어갔다. 책을 분류하는 수준도 높아서, 점토판에 담긴 내용을 한눈에 알아볼 수 있도록 표시가 되어 있었을 뿐 아니라 제목과 몇 번째 점토판인지를 기록한 색인index도 있었다.

하지만 왕이 죽고 나서 그가 이룩한 제국은 쇠퇴했고, 덩달아 그가 만든 도서관도 사라져버렸다. 초기 도서관은 황제나 왕에게 권위와

색인

필요한 내용을 빠르게 찾아보기 위해 정리한 것을 색인이라고 한다. 책의 뒤편에 '가나다'순으로 주요 내용과 그 내용이 나온 페이지를 표시한 것이 대표적인 색인이다. 색인은 기원전 2000년 이전부터 사용되었다.

터키 북동부 하투사의 고대 유적에서 다른 점토판의 순서와 제목, 간단한 설명이 따로 새겨진 점토판이 발견되었다. 새겨진 내용은 다음과 같았다.

"두파두파라 페스티벌의 여덟 번째 점토판(점토판의 번호), 사제인 살라루히와 쿠와달라가 한 말이다(그 점토판에 기록된 내용). 감독관인 아누완자가 보는 앞에서 누기사르의 아들인 루가 썼다(필경사의 이름)"

이 색인을 보고 당시 사람들은 자기가 찾고자 하는 점토판을 고를 수 있었다. 4000년 전에도 오늘날처럼 도서관에서 사용하는 청구기호와 검색에 사용하는 키워드를 사용한 것이다.

힘을 실어주기 위한 목적으로 만들어졌기 때문에 왕국과 운명을 같이 했다.

알렉산드리아 대도서관

고대 그리스 마케도니아 출신 알렉산드로스(BC356~BC323) 대왕은 그리스에서 인도 서남부까지 이르는 대제국을 건설했다. 알렉산드로스는 기원전 331년, 자신의 업적을 기념하기 위해 지중해 연안 이집트에 자기 이름을 딴 거대한 도시 알렉산드리아를 세울 마음을 먹었다. 비록 그는 도시가 완성되는 것을 못 보고 죽었지만, 신하였던 프톨레마이오스 1세(BC367~BC283)가 이집트 왕조를 수립하며 알렉산드리아를 수도로 삼았다. 프톨레마이오스 1세는 알렉산드리아를 전 세계의 문화 중심지로 만들기 위해 이름난 학자를 초청하고 책과 문화재,

알렉산드리아 도서관을 상상해서 그린 그림

예술품 등을 모았다.

당시의 파피루스 두루마리 책

프톨레마이오스 왕조는 무세이온이라는 연구소를 운영했다. 무세이온의 회원은 유명한 학자들이었는데, 이들은 왕으로부터 여러 특혜를 받았다. 무세이온 회원들의 연구를 돕기 위한 자료실도 생겨났는데, 바로 이것이 알렉산드리아 도서관의 시초이다. 부루치움Brucheum이라고 불리는 이 도서관은 왕궁 안에 있었고 무세이온 회원인 학자와 예술가들이 주로 이용했다. 이후에는 일반인들을 위한 도서관인 세라피움 Serapeum이 만들어졌다. 세라피움에는 부루치움 도서관에 있는 책의 복사본이 있었다.

왕들은 적극적으로 책을 수집했다. 세계 각지에 사람을 보내 책을 사들였으며 왕이 직접 다른 나라 왕에게 편지를 써서 책을 구해 달라고 부탁하기도 했다. 알렉산드리아 항구에 들어오는 배를 뒤져 책을 찾아내어 압수하기도 했다. 압수된 책은 도서관에 보관하고, 책 주인에게는 그 대신 원본을 베낀 복사본을 주었다.

이 당시 책은 파피루스로 만들어진 두루마리였다. 파피루스 종이는 점토판에 비해 쉽게 부서져 보관하기가 힘들었지만, 재료를 구하기 쉽고, 글을 쓰기도 편했다. 파피루스 종이를 햇볕에 잘 말린 다음, 큰

알렉산드리아 도서관 상상화

못을 가운데에 넣고 둘둘 말아 책을 만들었다. 두루마리는 책꽂이에 꽂을 수 없어서 선반에 차곡차곡 쌓아 두었다. 책 하나를 꺼내 보기 위해서는 같은 칸의 두루마리를 모두 옮겨야 했다.

알렉산드리아 도서관은 프톨레마이오스 왕가의 지원을 받고 번영했다. 70여만 개의 두루마리 책이 보관되어 있었으며, 이 자료로 연구하려는 학자들이 모여들었다. 알렉산드리아 도서관에서 연구한 학자 중에는 지금까지 유명한 사람이 많다. 기하학을 체계적으로 정리한 유클리드, 지렛대를 발명하고 부력*을 알아낸 아르키메데스도 여기서 공부했다.

알렉산드리아 도서관은 프톨레마이오스 왕조의 권력이 약해지면서 쇠퇴하기 시작했다. 또, 여러 차례의 전쟁과 화재를 겪으며 책은 불에 타서 없어지고 도서관 건물도 파괴되어 서기 642년 세상에서 자취를 감췄다.

＊ 기체나 액체 속의 물체가 중력에 반하여 위로 뜨려는 힘

당시 최고의 학자, 사서

고대 도서관은 왕궁이나 신전 내부에 있었으며, 단순히 책을 보관하는 곳이 아닌 종합 연구 기관이었다. 도서관을 이용할 수 있는 사람들은 권력층이나 학자로 제한되었는데, 학자 중 일부는 책을 편집하고 도서관을 관리하는 일을 담당했다.

알렉산드리아 도서관은 철학자, 시인, 과학자, 지리학자, 의사, 역사가 등 다양한 방면의 학자들이 모여서 운영했고, 이들 중 한 명이 도서관의 관장을 맡았다. 초대 관장인 제노도토스(BC325?~BC260?)는 유명한 문법 학자였는데, 책을 분류하는 방식을 정립하고 도서관 운영

모든 학문 분야의 저명한 인물들과 그들의 작품 목록, 피나케스

시인이자 사서였던 칼리마코스(BC305?~BC240?)는 뛰어난 내용이 담긴 그리스의 책을 분류해서 '피나케스(pinakes)'라는 목록을 만들었다. 피나케스는 남아 있지 않지만, 당시 쓰인 글에서 피나케스의 존재를 확인할 수 있다.

칼리마코스는 모든 책을 시와 산문으로 구분한 다음 시는 서사시 작가, 비극 작가, 희극 작가 등으로, 산문은 철학자, 웅변가, 역사학자 등으로 나누었다. 그다음 각 항목에 해당하는 작가의 이름을 알파벳순으로 나열했는데, 혹시 같은 이름이 있을 것을 대비해서 작가의 출생지, 별명 등 간단한 신상명세도 기록했다. 작가의 이름 다음에는 그 사람이 쓴 작품 목록을 열거했다.

[산문 – 철학자 – 이름 – 작품 목록]

에 필요한 체계를 만들었다. 그는 자료를 산문, 시, 과학 등 주제별로 분류해서 서로 다른 방에 보관했고, 작가 이름의 알파벳 순서로 두루마리를 배치했다. 그래서 이용자들은 주제별로 구분된 방의 위치를 확인한 다음, 알파벳 순서로 정리되어 있는 책을 찾았다. 이는 현대의 도서관 자료 배치 방법과 크게 다르지 않다.

개인 도서관에서 시작된 로마의 도서관

로마의 문화는 그리스의 영향을 많이 받았다. 특히 상류층 로마인들은 그리스 문화의 팬이었다. 그들은 그리스어를 배우고, 그리스 문학에 빠져들었고, 그리스 책을 수집했으며, 그리스 문학작품을 번역했다. 그리스로 사람을 보내 책을 사 와서 자신만의 개인 도서관을 만든 사람들도 있었는데, 귀한 책은 친한 사람들끼리 서로 돌려보고, 베껴서 복사본을 만들기도 했다.

당시 로마에서는 연극이 인기가 많았다. 축제가 열릴 때마다 극단이 연극을 공연했는데, 사람들은 그리스식 연극을 특히 좋아했다. 그래서 작가들은 그리스 연극 작품의 줄거리와 인물은 그대로 두고 자세한 설정이나 표현만 다듬어 라틴어로 번안*했다. 원작인 그리스어 문학작품은 극단을 운영하는 주인이 구해왔다. 시간이 지나면서 극단주

---

* 원작의 내용이나 줄거리는 그대로 두고 풍속, 인명, 지명 따위를 시대나 풍토에 맞게 바꾸어 고침

가 보관하는 그리스 원작과 라틴어 번안 작품의 수가 많아져 개인이 운영하는 도서관 역할을 하게 되었다. 연극 대본을 쓰는 작가는 극단주가 보관하고 있는 그리스 원본 작품 중 하나를 골라 번안했다.

기원전 2세기 무렵 로마는 본격적으로 주변 국가들을 정복하며 세력을 넓혀나갔다. 외국 원정에 나간 장군들은 그 지역의 책을 약탈해 로마로 가져와서 자신의 개인 도서관을 만들었다. 특히 문화가 발달했던 그리스, 터키 지역을 침략한 유명한 장군들은 어마어마한 양의 문화재를 전리품으로 가져왔다.

문학과 학문을 사랑하는 사람들도 책을 사들이거나, 복사본을 만들어서 개인 도서관을 세웠다. 개인 도서관이지만 규모가 매우 크고 책도 많았다. 이런 곳은 주로 도서관 주인의 친척이나 친구, 혹은 학자들이 이용하였다.

모두가 자유롭게 이용하는 공공도서관으로 발전하다

로마의 최고 권력자였던 줄리어스 카이사르(BC100~BC44)는 그리스 책과 라틴어책을 모아 로마 시민 모두가 이용할 수 있는 거대한 공공도서관 건설을 계획했다. 비록 그는 도서관이 다 만들어지기 전에 암살당했지만 도서관은 그의 계획을 이어받은 사람에 의해 완공되었다. 카이사르의 뒤를 이은 로마의 황제들도 공공도서관을 여러 개 만들었다. 3세기 무렵에는 로마 시에만 29개의 도서관이 있었다.

로마 팔라티누스(Palatinus) 도서관 도면
두 개의 방에 각각 그리스어 책과 라틴어 책이 있는 쌍둥이 도서관이다. 중앙에는 신의 조각상이 놓이며, 벽을 따라 움푹 파인 곳에 책장이 들어간다.

도서관에 보관된 두루마리 책 책장에 있는 칸마다 두루마리 책이 3~4층으로 쌓여 있고, 두루마리 끝 꼬리표에는 작가의 이름이 쓰여 있다.

로마의 공공도서관은 기본적으로 '쌍둥이 도서관'이었다. 똑같은 모양의 커다란 방을 2개 만들어 한쪽에는 그리스어 책, 다른 쪽에는 라틴어 책을 보관했다. 벽을 따라 일정한 크기로 움푹 파서 책을 넣을 수 있는 장을 두었는데, 이 장에 두루마리를 쌓아 두었다. 두루마리 끝에는 이용자들이 원하는 책을 찾을 수 있게 저자의 이름이 쓰인 꼬리표가 붙어 있었다. 또한, 현대 도서관의 열람실처럼 이용자는 원하는 책을 찾아서 책상에서 읽고 공부할 수 있었다.

로마에는 기원전 2세기부터 공중목욕탕이 있었다. 황제들은 시민이 무료로 목욕을 하고 휴식을 취할 수 있는 목욕탕을 건설했다. 문화와 휴양의 중심 역할을 하는 목욕탕을 중심으로 산책할 수 있는 정원, 운동 시합을 할 수 있는 경기장, 모임이나 강의를 위한 방이 만들어졌다. 도서관도 목욕탕에 딸린 부속 시설로 만들어지기도 했다.

도서관을 운영한 사람들

개인 도서관은 대부분 잘 훈련된 노예가 관리를 담당했다. 그들은 찢어진 두루마리 책 수선, 도서 정리, 새로운 도서 목록 만들기, 두루마리 책에 꼬리표 붙이기 등의 일을 했고 책을 베껴 복사본을 만들었다. 당시 책은 굉장히 귀했기 때문에 책을 훔쳐 달아나는 노예도 종종 있었다.

로마는 대부분의 사무직 작업을 노예나 노예였다가 해방된 자유민에게 맡겼다. 말단 공무원이었던 노예가 승진을 하고, 자유민으로 신분이 상승해 행정부서의 최고 책임자에 오르는 경우도 있었다. 공공 도서관 관장은 황제가 정부의 관리 중에서도 학식이 높고, 풍부한 문학적 소양을 가진 사람을 임명했는데, 노예 출신의 자유민인 경우도 있었다.

도서관장 아래로는 여러 업무를 담당하는 도서관 직원이 있었는데, 대부분 노예였다. 책을 여기저기로 나르는 서동, 망가진 두루마리 책을 고치는 복구 전문가, 복사본을 만드는 필경사 등이 도서관 직원이었는데, 이들은 기본적으로 글을 읽을 수 있어야 했다. 어떤 언어를 할 줄 아느냐에 따라 그리스어 부서, 혹은 라틴어 부서에 배치되었다. 이들 중 책임자를 사서라고 불렀다.

사서라는 명칭은 2세기경 로마 황제인 마르쿠스 아우렐리우스가 그의 스승에게 보낸 편지에 나타난다. 그는 스승에게 자기가 매우 재미

있는 책을 읽었는데, 도서관의 사서에게 부탁하여 필사본을 구해 선생님께 보내 드린다고 편지에 썼다. 사서는 도서관장과 같은 고위 관리는 아니었지만, 단순 업무를 하는 이들을 부하 직원으로 둔 관리자의 위치였다.

쌓여 있는 두루마리 책은 꺼내기 어려웠고, 꺼내다가 책을 망가뜨리기도 쉬웠기 때문에 직원이나 서동이 책을 찾아 이용자에게 가져다주었다. 대부분의 도서관은 도서관 안에서만 책을 읽어야 했지만 일부 도서관은 책을 빌려가는 것을 허용하기도 했다.

읽기 편하고 더 많은 내용을 담은 고사본의 등장

2세기경 도서관에 보관된 대부분의 책은 파피루스 종이를 두루마리로 만든 것이었다. 하지만 5~6세기 무렵에는 지금의 책과 비슷한 고사본이 등장했다. 고사본은 주로 양피지로 만들었는데, 양피지를 반으로 접어 펼친 후 가운데 접힌 자국을 중심으로 여러 장을 겹쳐 실로 꿰매어 만들었다.

5세기경 쓰인 고사본 성경

고사본은 한쪽 면에만 글을 쓰던 파피루스 두루마리와는 달리 양쪽 면에 모두 글을 쓸 수 있어서 더 많은 내용을 담을 수 있었고 읽기에도 편했다. 한 손으로는 책을 들고 보면서 다른 손으로는 글을 쓸 수도 있었고, 읽다가 페이지에 종잇조각을 끼워 두면, 나중에 읽던 페이지를 편하게 다시 찾을 수 있었다. 고사본이 만들어지면서 책을 보관, 관리하는 방식이 달라졌고, 이는 사서와 도서관 직원의 일에도 영향을 미쳤다. 고사본은 두루마리보다 보관하기 편하고, 겉표지에 딱딱한 나무판을 붙이면 상할 염려도 덜 수 있었다. 또한, 꼬리표에 따로 써서 붙이던 제목이나 저자의 이름을 표지에 기록해서 구별하기도 편했다.

중세, 도서관의
쇠락과 부흥

도서관은 각 국가와 흥망성쇠를 함께 했다. 서양에서는 전쟁으로 파괴된 도서관의 명맥이 수도원에서 이어졌고, 이후 대학과 함께 도서관도 발전했다. 동아시아에서는 나라의 크고 작은 일들을 기록해 보관하는 도서관이 발전했다. 소장하는 책이 다양해지면서 사서의 역할도 더욱 전문화되었다.

유럽 도서관의 암흑기와
이슬람 도서관

유럽 도서관의 몰락

로마 제국 말기가 되면서 도서관은 점점 쇠퇴했다. 외적의 침입을 막아내기도 힘들게 된 로마는 더는 도서관에 돈을 들이지 않았다. 교육 체계가 무너지면서 도서관의 주요 이용 계층이었던 교육받은 시민들의 수가 점점 줄어들었고, 사람들이 나누는 새로운 지식과 책도 줄어들었다. 게다가 전쟁에서 승리하지 못해 도서관의 업무를 담당할 교육받은 노예나 전쟁 포로도 구할 수 없었다. 또한, 로마의 국교가 된 기독교는 이교도 문학과 예술에 반대해서 그리스어로 된 작품들을 도서관에서 없앴다.

수도원에서 명맥을 이은 유럽 도서관

서로마 제국이 멸망하였으나 유럽 고대 문화의 일부는 수도원에 살아남았다. 수도사는 신학 책을 읽어야 했기 때문에 수도원에는 도서관이 있었다. 일부 수도원에는 종교 서적뿐 아니라 고전문학 서적도 보관되어 있었다. 수도원의 수사들은 성경 구절을 필사하면서 고대 그리스 문학작품도 기록해 보존했다. 수도원에서 책을 관리하는 사서는 학식 있는 성직자나 수도자였다. 이들은 도서관 건물과 소장 도서를 관리하고, 책을 베껴 복사본을 만드는 일을 하면서 때로는 성가대를 지휘하기도 했다. 지역 교구마다 작은 도서관이 있었고, 교구 사제가 도서관장 역할을 했다.

유럽의 귀족 집안이나 유명한 학자는 개인 도서관을 가지고 있었다. 이들은 학자나 필경사를 고용해서 책을 보존, 관리하고 복사본을 만들었다. 이렇게 개인 도서관을 관리하는 사람의 수가 점점 늘어나고 전문성이 높아지며 본격적인 직업 사서로 발전했다.

이슬람 도서관의 발전과 쇠락

서로마 제국의 멸망 후에도 동로마 제국은 1000년 이상 비잔티움(오늘날 터키 이스탄불)을 중심으로 유지되었다. 국교였던 기독교는 고전 작품들을 이단으로 여겨 대부분 파괴했다. 529년 동로마 제국의 황제는 학문을 교회 아래에 두어 관리했고 아테네의 학교를 폐쇄한 다음 많은 교사를 추방했다. 추방 당한 교사들은 페르시아로 도망쳐 페르시아 왕의 보호를 받으며 그리스 문화를 이어나갔다. 또한, 이단으로 몰린 네스토리우스파 기독교인들이 많은 책을 가지고 페르시아, 아랍으로 도망가면서 도서관의 맥이 이어졌다.

7세기경 아라비아반도에서 시작된 이슬람교는 세력을 넓혀 페르시아를 점령하고 페르시아 도서관에 있던 보물들과 수많은 과학, 철학 책을 손에 넣는다. 필경사들은 페르시아 책들을 아랍어로 옮겨 적어 이슬람 도서관에 보관했다. 이슬람 제국은 수도 바그다드에 '지혜의 집'이라고 불리는 학술 연구소 겸 도서관을 만들고 책을 모아 사서를 두고 관리했다. 여기에는 이슬람 종교와 관련된 책뿐 아니라 그리스, 로마, 페르시아, 인도의 책이 있었다.

이슬람은 정복한 지역마다 도서관을 지었다. 한때 이슬람의 지배를 받던 스페인의 코르도바에는 40만 권에서 60만 권의 책이 소장된 도서관이 있었고, 이집트의 카이로에 세워진 도서관에도 60여만 권의 책이 있었다. 도서관 관리자는 가장 뛰어난 학자가 임명되는 명예로운 자리였고, 도서관을 운영하기 위해서는 전문 사서가 많이 필요했다. 이들은 책을 관리하는 한편 그리스어나 라틴어 책을

지혜의 집에 모여 있는 학자들

아랍어로 번역하고, 복사본을 만들었다.

하지만 이슬람 제국이 11세기에는 터키, 13세기에는 몽골의 침입을 받으면서 수많은 책이 없어졌다. 15세기에 유럽 기독교 왕조가 스페인에서 이슬람 세력을 몰아낸 후에는 도서관에 소장된 모든 책을 불태웠고, 십자군은 팔레스타인, 북아프리카 등지의 도서관을 파괴했다.

저물어 가는 중세, 대학과 함께 발전한 도서관

11세기 무렵부터 유럽에는 도시가 생겨나고, 상인 계급이 성장했으며, '대학'이 탄생했다. 도서관은 수도원에서 명맥을 이어왔지만 수도원의 도서관이 소장하고 있는 책은 많지 않았다. 유명한 수도원 도서관에도 몇 백여 권밖에 없었고 대부분 성경과 신학자의 작품이었다. 책 관리도 허술했다. 책 목록이라고 해 봐야 몇 권이 있는지를 적어 놓은 정도였다. 하지만 성당에서 운영하던 학교가 대학으로 발전하면서 도서관도 변해갔다. 또한, 도시를 다스리는 권력자와 교회를 다스리는 교황도 도서관을 키워나갔다.

파리 대학교 도서관

12세기 중반에 설립된 파리 대학의 도서관은 13세기를 지나면서 크게 발전했다. 처음에는 도서관에 책도 몇 권 없고 제대로 관리되지도 않았다. 하지만 책이 점점 늘어나자 체계적인 관리가 필요했다. 도서관 관리자들은 책을 분류, 정리하는 데 알파벳을 사용하기 시작했고, 도서 목록을 만들었다.

책은 도난을 방지하기 위해 책장에 사슬로 묶여 있었다. 사슬이 길어서 책상에 앉아서 책을 읽을 수 있었지만 건물 내에서만 읽을 수 있었다. 책을 도서관 밖으로 가지고 나가려면 책값을 맡겨 두어야 했다. 도서관에는 귀중한 원본 책을 볼 수 있는 열람실과 복사본을 모아 원하는 사람에게 빌려주는 책 보관소(서고)가 생겼다. 1500년 무렵에는 유럽 지역에 75개 이상의 대학 도서관이 있었다.

사서 출신 교황이 만든 바티칸 도서관

로마 교황청의 도서관인 바티칸 도서관은 1447년 교황이 된 니콜라오 5세(1397~1455)가 소장하던 필사본 책을 도서관에 기증하면서 본격적으로 성장했다. 젊은 성직자였을 때 사서로 일하기도 했던 니콜

바티칸 도서관의 시스티나 홀

라오 5세는 책을 좋아했고, 인문주의를 후원했다. 그는 바티칸 도서관이 교황의 품위에 걸맞은 라틴어 책과 그리스어 책을 모두 갖추어야 한다고 생각하여 고전 작품의 편집자이자 주교인 안드레아 부시(1417~1475)를 사서로 임명해서 책을 수집했다. 부시는 유럽 전역에 사람을 보내 수도원 도서관과 개인 도서관을 뒤져 책을 사들이거나 빌렸다. 때로는 책을 훔치는 일도 허다했는데, 이들은 "형편없이 버려둔 책을 구출한 것"이라고 변명했다.

바티칸 도서관은 1475년에 공식 개관했지만, 니콜라오 5세는 이를 보지 못하고 먼저 세상을 떴다. 개관 당시 도서관에는 약 3,500권의 책이 있었는데 당시로는 세계 최고 수준이었다. 그리스어, 라틴어, 히브리어에 정통한 사서가 책을 분류해서 목록을 만들고 알파벳순으로 배열했다. 때로 사서는 책을 읽지 못하게 하는 역할을 했다. 16세기 중반 바티칸 도서관을 책임진 사서는 도서관 책 중 일반인이 읽지 못하는 금서 목록을 만들었고, 교회를 공격하는 책은 불태웠다.

메디치 가의 산 마르코 도서관

메디치Medici는 13세기부터 17세기까지 이탈리아 피렌체 지역을 지배한 부유한 가문이었다. 15세기 중반 메디치 가문 출신으로 피렌체를 다스리던 코시모 데 메디치(1389~1464)는 어려서부터 책 수집광이었다. 그는 학자들을 세계 각지로 보내 옛날 책을 수집하고, 1444년 산 마르코 인근 수도원에 도서관을 설립했다. 이 도서관은

산 마르코 도서관

당시 학자에게 개방되었고, 여기서 공부한 학자들은 문예 부흥기에 큰 공헌을 했다. 산 마르코 도서관은 메디치 가문이 상인에서 군주의 위치로 올라가는 데 도움을 주었다. 메디치 가문은 도서관을 통해 그들이 인문학을 후원하는 교양인이며 정직하고 예의 바르다는 것을 선전했고, 사람들로부터 권위를 얻었다.

코사모 메디치

종교개혁으로 수난을 겪은 책

1517년 루터에 의해 시작된 종교개혁은 전 유럽으로 퍼져 나갔고, 구교와 신교의 갈등으로 유럽 전 지역에서 전쟁이 일어났다. 전쟁은 100년 이상 계속되었는데, 이 과정에서 도서관은 파괴되었고, 책은 불타거나 승리한 자의 전리품이 되었다.

왕이 종교개혁을 주도한 영국에서도 책은 수난을 겪었다. 해산하라는 왕의 명령을 거역한 수도원에서 원장은 처형되고 책이 몰수되었다. 수도원이 해산하자 사람들은 귀중품을 훔치기 위해 수도원을 습격했다. 사람들은 돈이 될 만한 책의 겉표지만 떼서 가져가고 내용이 적힌 본문 종이는 화장실에서 휴지로 사용하거나 신발을 닦는 데 썼다. 영국 종교개혁이 초래한 최악의 문화적 재앙이었다.

도서관,
모두를 위한 공간이 되다

17세기 중반 이후 유럽은 전쟁에서 벗어나 국가를 중심으로 서로 경쟁하고 협력하는 새 질서를 만들었다. 이때부터 모두가 이용하는 도서관으로의 변화가 본격적으로 시작되었다.

사서의 아버지, 가브리엘 노데

프랑스의 사서이자 학자였던 가브리엘 노데(1600~1653)는 대학에서 철학과 문법을 공부했다. 이후 의사가 되려고 대학에서 공부하다가 학비를 벌기 위해 파리에서 8천여 권의 책을 소장한 개인 도서관의 사서가 되었다. 그는 이 도서관을 17세기 유럽에 이름을 날리는 도서관으로 만들었다. 그 후 이탈리아에서 고위 성직자의 개인 도서관 사서로 일하다가, 프랑스로 돌아와 당시 재상이었던 마자랭 추기경

가브리엘 노데

(1642~1661)과 함께 프랑스 최초의 공공도서관 '마자랭 도서관'을 세우고 책임자로 일했다.

노데는 도서관에는 모든 주제의 책이 있어야 하고, 원한다면 누구나 이용할 수 있어야 한다고 생각했다. 그래서 도서관 정문에 "독서를 열망하는 모든 사람은 들어오라"라는 표어를 써 붙였다. 책을 보고 싶은 사람은 누구나 오전 8시부터 11시까지, 오후 2시부터 5시까지 마자랭 도서관을 이용할 수 있었다. 그때까지만 해도 대부분의 도서관은 이용

마자랭 도서관

자가 보고 싶은 책을 사서에게 가져다 달라고 부탁하면, 사서가 서고에서 책을 꺼내다 주는 방식이었다. 직접 볼 수 있는 책은 도난 방지용 사슬로 묶어둔 것뿐이었다. 하지만 마자랭 도서관은 이용자가 책장에서 원하는 책을 직접 꺼내 읽는 개가식 도서관이었다. 또한, 대출 카드를 만들어 책을 쉽게 빌릴 수 있도록 했다.

18세기 프랑스에서는 마자랭 도서관을 모델로 한 공공도서관이 50여 곳 정도 만들어졌다. 노데는 도서관에 관한 인식을 완전히 뒤바꾸었고, 그를 따르는 사람들은 도서관을 더욱 발전시켰다.

라이프니츠도 사서였다고?

18세기 독일의 유명한 철학자이자 수학자인 라이프니츠(1646~1716)도 뛰어난 사서였다. 그는 생계유지를 위해 왕실 도서관의 사서로 오랫동안 일했다. 그는 도서관의 책을 분류하는 체계를 새롭게 만들었는데 이후 많은 도서관에서 그의 분류 체계를 이용했다. 라이프니츠는 좋은 책을 잘 이용하게 하는 도서관이 가치가 있다고 생각했다. 그래서 과학책과 같은 가치가 있는 책을 수집해야지, 흥미 위주의 책을 모으는 것은 바람직하지 않다고 주장했다. 그는 "도서관은 규모가 작더라

고프트리트 빌헬름 라이프니츠

도 알차야 한다. 책만 무조건 많은 도서관은 전시용일 뿐이다"라고 말했다.

국가 도서관과 공공도서관

유럽 여러 나라의 왕은 대부분 개인 도서관을 가지고 있었다. 이 도서관은 왕이 좋아하는 주제, 왕실의 권위를 높이는 데 필요한 책 등을 주로 수집했고, 왕족과 귀족, 일부 학자들만이 이용했다. 하지만 국가가 권력을 가지고, 국민의 권리가 커지면서 왕실 도서관은 나라에서 세금으로 운영하는 국가 도서관으로 바뀌었다. 프랑스는 대혁명을 거치면서 왕실 도서관을 국가 도서관으로 바꾸고 왕과 귀족의 개인 도서관에 있던 책을 몰수해서 국가 도서관에 소장했다. 영국에서는 국왕이 기증한 책으로 대영박물관 도서관을 만들었다. 아프리카와 아시아를 침략해 식민지를 만든 영국, 프랑스, 독일, 미국은 식민지에서 많은 문화재와 책을 강탈해서 자신의 국가 도서관과 박물관에 보관했다.

국가 도서관은 일부 특권층만 이용할 수 있는 곳이 아니라 모든 사람이 이용할 수 있도록 개방된 공공도서관이었다. 국가는 정부를 운영하는 도구로 도서관을 활용하기도 했다. 공공도서관에 정부에 도움이 되는 자료만을 가져다 놓고 민심을 자신들에게 유리한 방향으로 끌어가려고 한 것이다.

외규장각 도서를 프랑스에서 돌려받은 한국인 사서 박병선

왕실 도서관이자 학술연구센터인 규장각을 세운 조선의 왕 정조는 1782년에 중요 자료를 안전하게 보관하기 위해 강화도에 규장각의 분소인 '외규장각'을 만들었다. 외규장각에는 왕실 관련 자료 6천여 권이 보관되어 있었다.

1866년 조선이 가톨릭을 박해하고 프랑스 신부를 처형한 것을 빌미 삼아 강화도를 침략한 프랑스 군대는 외규장각을 불태우고 책과 문서를 약탈했다. 무려 100년도 더 지난 1975년, 프랑스 국립도서관의 사서로 일하던 박병선은 도서관 창고에서 조선 왕실 『의궤(儀軌)』를 발견하고 이를 세상에 알렸다. 『의궤』는 왕실에서 큰 행사를 치르고 나서 그 과정을 기록해 놓은 책이다.

대한민국은 약탈 문화재를 돌려받기 위해 프랑스와 협상했다. 프랑스는 『의궤』가 프랑스의 공공 재산이라고 주장하면서 반환을 거부했지만 오랜 협상 끝에 2011년 5월 의궤 297권이 우리나라로 돌아왔다. 그러나 완전히 돌려받은 것이 아니라 프랑스 소유를 우리가 빌려오는 방식이어서 아쉬움이 남았다. 박병선은 계속 외규장각 도서를 연구하다가 2011년 11월 세상을 떠났다. 그는 국가 공헌을 인정받아 국립현충원에 안장되었다.

박병선 박사 ⓒ경향신문

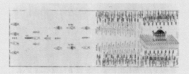

명성황후국장도감의궤 ⓒ국립고궁박물관

중국의 도서관과
책을 돌본 사람

노자도 도서관장이었다고?

상 왕조, 주 왕조 때 갑골이나 청동기 표
면에 새긴 문자 기록이 남아 있다. 이 기록
은 하늘에 점을 친 결과나 나라의 일을 기
록한 것이었기 때문에 소중히 보관되었고
아무나 볼 수 없었다. 주나라 말기에는 점
차 학문, 사상, 역사, 문학을 기록한 책이 늘
어났다. 주나라에는 문서와 책을 보관하
는 왕실 도서관 수장실守藏室이 있었고, 사
史라는 관리가 도서관장 역할을 하였다. 사
는 역사를 뜻하는데, 당시에는 글을 쓰고,

도가 사상의 창시자 노자

책을 다루고, 역사를 기록하는 관리를 모두 사라고 불렀다. 도가 사상의 창시자인 노자가 도서관장을 맡았다는 기록으로 미루어 보면, 당시 최고 수준의 학자가 책을 관리하는 사서 일을 했다고 알 수 있다.

춘추 전국 시대에 접어들면서 다양한 학문이 성장했고, 책도 폭발적으로 늘어났다. 왕실에만 보관되었던 책도 일반 백성들이 볼 수 있었으며, 새로이 등장한 사상가와 학자들은 자신의 생각을 세상에 알리기 위해 책을 썼다. 기원전 4세기에 이르러서는 왕실 도서관 외에도 개인이 소장하는 책이 늘어났다. 당시의 책은 대나무 조각에 글을 쓰고 연결한 죽간이었다. 유교 경전 한 편을 기록한 죽간을 수레 한 대에다 싣지 못할 정도로 부피가 컸는데, 집에 다섯 수레 분량의 책이 있으면 대단한 것이었다.

책을 없앤 진시황

중국을 통일한 진시황은 사상을 통일하기 위해 다양한 사상을 기록한 책들을 모두 불태웠다. 이 때문에 춘추 전국 시대 제자백가의 사상을 기록한 책들은 현재 많이 남아있지 않다. 유교 경전 역시 점을 치기 위한 목적으로 남겨놓은 『주역』 외에는 대부분 없어졌다. 게다가 진 왕조가 멸망하면서 왕궁에서 보관하고 있던 책과 기록도 모두 불탔다.

하지만 가혹한 탄압에도 불구하고 책을 숨겨 놓은 사람들이 있었다. 진의 뒤를 이은 한 왕조는 전문 부서를 만들어 민간에 남아 있는 책을 모아서 베껴 쓰고, 빠진 부분을 메꾸게 했다. 더 나아가 과거의 학문 내용을 총정리하여 보관했다.

책 분류 목록의 탄생

한 왕조는 책을 대대적으로 정비했다. 단순히 책을 모아서 수선하고 있는 부분을 메꾸는 정도가 아니라, 책을 자세히 분석해서 잘못된 글을 고치고, 해석을 추가하고 분류했다. 이 작업은 30년이 걸렸는데, 이 과정에서 책의 분류 목록인 칠략七略이 탄생했다. 칠략은 극히 일부분만 남아 있지만, 다른 책에 요약된 내용이 실려 있어 내용을 알 수

복생이 전한 『서경』

진나라의 박사였던 복생은 진시황이 책 압수 명령을 내리자 가지고 있던 책 중에서 『서경』을 집의 벽 속에 넣고 겉을 흙으로 발라 숨겨 두었다. 복생은 전쟁을 피해 여기저기 도망 다니다가 한 왕조가 들어선 이후 집으로 돌아왔는데, 돌아와서 벽 속을 살펴보니 『서경』의 일부가 남아 있었다.

그는 이 책으로 고향에서 학생을 가르쳤다. 당시 오직 복생만이 『서경』을 가지고 있었다. 후에 황제가 『서경』을 가르칠 수 있는 학자를 찾았는데, 복생말고는 없었다. 하지만 이미 90세가 넘어 거동이 불편한 복생이 수도로 갈 수 없어 황제는 관리를 보내 배우게 했다. 복생이 벽 속에 숨긴 죽간의 일부가 오늘날까지 전해지는 유일한 『서경』 원본이다.

있다.

칠략은 책을 유교 경전(육예략), 유가, 도가, 법가 등 다양한 사상(제자략), 문학 작품(시부략), 군사학(병서략), 천문·역법·수학(수술략), 의학(방기략)의 여섯 종류로 크게 구분하고, 각 항목을 다시 자세히 나누었다. 그다음 책 이름과 권수를 기록하고, 끝에는 책 내용을 설명하고 장단점을 분석하는 해석을 추가했다. 이 방식은 중국에서 300여 년간 사용되었다.

매우 귀했던 책

당시 책은 주로 왕실 도서관에 보관되어 있었기 때문에 책을 볼 수 있는 사람은 아주 적었다. 때로는 황족도 책을 구하기 위해서 황제의 승낙을 받아야 했는데, 황제는 책의 내용이 옳지 않다고 생각하면 보

유향과 유흠 부자의 대를 이은 책 정리 사업

유향은 한나라의 학자이자 관리였다. 한 성제의 명을 받아 기원전 26년부터 책을 정비하는 대사업을 주관했다. 하지만 유향은 책 정비 사업을 마무리하지 못하고 세상을 떴고, 그의 아들 유흠이 대를 이어 계속했다. 유향은 새롭게 고친 책을 해석하는 '별록(別錄)'을 썼고, 아들 유흠은 책 분류 목록인 '칠략'을 펴냈다. 중국의 학자이자 전문 사서의 시작이라고 볼 수 있다.

는 것을 허락하지 않았다.

개인이 책을 가지고 있는 경우는 아주 드물었다. 유명한 학자 집안 중에는 많은 책을 소장한 곳도 있었지만, 대부분 황실에서 하사한 것이었다. 책을 만드는 데는 돈이 많이 들었고, 죽간으로 만든 책은 부피도 커서 개인이 많은 양을 보관하기 힘들었다. 2세기에 들어오면서 황실 공방의 책임자였던 채륜(50?~121?)이 종이를 발명하고, 종이로 책을 만들자 부피가 줄어들었다. 하지만 종이의 값이 비싸 마음대로 쓰기 어려웠기 때문에, 어떤 사람은 책을 다 외워버리기도 했다.

늘어나는 책의 수, 새로운 분류 기준

한 왕조를 거치면서 책의 종류와 수가 점점 늘어났다. 고전뿐 아니라 새로 쓴 문학, 역사책이 많아졌고, 개인도 많은 책을 소유했다. 귀족 중에는 수천 권의 책을 가진 사람도 있었는데, 책을 보고 싶은 사람은 그들을 방문하여 며칠, 몇 달씩 그 집에서 먹고 자면서 책을 읽고, 때로는 베끼기도 했다. 귀족끼리 서로 책을 빌려주고, 빌린 책을 베껴 복사본을 만드는 일도 성행했다. 이들은 공부를 많이 한 사람을 고용해서 전문적으로 책을 복사하도록 했는데, 가난한 학생은 책을 베끼는 일로 생계를 꾸리기도 했다.

5세기 무렵에는 종이도 꽤 보급되고, 책도 늘어났다. 이 결과 자연스럽게 책을 사고파는 책방도 등장했다. 7세기경에는 나무판에 글자를 새긴 후 먹을 묻혀 종이에 찍어내는 목판 인쇄가 널리 쓰여 책을 쓴 저자가 직접 수백 부를 인쇄하여 다른 이들에게 나눠 주는 일도 있었다.

책은 기존에 여섯 종류로 분류하였는데, 네 종류로 분류하는 방식이 자리 잡았다. 이렇게 바뀐 가장 큰 이유는 어떤 종류의 책은 많고, 어떤 종류의 책은 수가 적었기 때문이다. 유교 경전에 속하는 책은 경經, 역사책은 수가 많아 따로 사史로 분류했다. 유교를 제외한 다양한 사상(제자략), 군사학(병서략), 수학(수술략), 의학(방기략)에 속하는 책은 많지 않아 하나로 합쳐서 자子, 문학 작품은 집集으로 분류했다. 이 분류를 사부四部 분류법, 혹은 경사자집이라고 한다. 사부 분류법은 20세기 이전까지 동아시아 문화권에서 책을 분류하는 기준이었다.

송 왕조의 국가 도서관, 숭문원

송 왕조 시기에 책을 보관하고, 관리하는 일이 크게 발전했다. 송 왕조의 황제와 지배 계층은 책을 적극적으로 만들고 수집했다. 또한, 인쇄술도 크게 발전해서 책을 구하기 쉬워졌다. 지방에 생겨난 사립학교인 서원書院도 큰 역할을 했다. 서원은 성현에게 제사를 지내고, 유학을 교육하며 책을 보관하는 장소였다.

송 왕조는 978년 국가 도서관인 숭문원崇文院을 설치하고 그 아래 소문관, 사관, 집현원 세 기관을 두어 국가에서 수집한 책을 보관했다. 988년에는 비각을 새로 만들어 중요한 자료를 별도로 보관했다. 비각에는 책을 수집하고 보관하는 관리와 교정하고 출판하는 관리가 있었는데, 이들이 사서 역할을 했다.

국가 도서관의 소장 도서는 중국을 통일하는 과정에서 다른 나라가 보관하던 것을 빼앗아 채우기도 했지만, 개인이 가지고 있는 책이나 민간에서 전해지는 책을 돈을 주고 구입하기도 했다.

개인 도서관의 증가

송 왕조 시기에는 1만 권 이상의 책을 소장한 개인 도서관도 200여 개가 있었다. 개인 도서관을 가진 사람은 황족, 고급 관리에서부터 문인, 일반 백성까지 다양했다. 학문 연구를 위해 책을 소장한 이들은 책의 내용을 중요시했다. 책을 모으는 것 자체가 즐거워서 취미로 다양한 책을 수집한 사람도 있었다. 책을 분류하는 방법, 목록을 작성하는 방법을 연구하기 위해 책을 모은 사람도 있었는데, 이들의 연구는 이후 사서에게 꼭 필요한 내용이 되었다. 개인 도서관을 가진 사람은 다른 사람에게 책을 빌려주거나 서로 책을 돌려 보면서 틀린 부분은 고치고, 새 책을 쓰는 등 적극적으로 이용했다.

서원 도서관과 사서

당 왕조 초기에 만들어져 송 왕조에서 크게 번성한 서원은 도서관을 만들어 책을 모으고 보관했다. 황제는 지방 인재 양성을 위해 책을 서원에 내려보냈고, 각 지역 유력자가 책을 기증했다. 서원에서는 자체적으로 책을 사들였으며, 책을 만들기도 했다. 서원 도서관에는 수천여 권에서 수 만권의 책이 있었다. 큰 서원 도서관에는 국가 도서관과 맞먹을 정도로 많은 책이 있었다. 서원 도서관의 책은 교사와 학생에게 학습 자료를 제공하는 것이 목적이었기 때문에, 여럿에게 공개되고 개방되었다. 또한, 전문 관리자를 두어 도서관을 운영했다.

명 왕조의 사립도서관, 천일각

16세기에 접어든 중국은 정치, 경제적으로 안정되고 문화적으로 발전했다. 명 왕조에서는 출판업이 크게 번성했다. 특히 국가에서 개인이 책을 출판하는 것을 장려했고, 이들에게 세금과 부역의 의무를 면제해 주기도 했다. 이 결과 책을 만드는 것을 매우 가치 있게 생각해서 신분의 높고 낮음과 관계없이 다양한 계층의 사람들이 출판업에 뛰어들었다. 책을 사고파는 상점이 늘어났고, 누구나 돈만 내면 책을 구할 수 있게 되자 개인적으로 많은 책을 소유하는 사람도 늘어났다.

퇴직 관리였던 범흠(1506 ~ 1585)은 자신의 고향 닝보에 천일각天一閣이라는 도서관을 세웠다. 그는 평생에 걸쳐 전국 각지에서 책을 모아 정리했다. 그가 수집한 책 중에는 세상에 알려지지 않은 학자의 작품집이나 과거 시험에 합격한 사람의 명단 등 다른 사람에게는 없는 희귀한 책도 많았다.

현재의 천일각

범흠은 자신의 책을 보존하기 위해 엄격한 규칙을 세웠다. 보관된 책은 절대 장서각 밖으로 가지고 나갈 수 없었고, 후손들도 책을 나눠 가지지 못하게 했다. 또 장서각의 문과 방마다 열쇠를 만들어 후손들이 나눠 가지게 해서 혼자서는 들어 올 수 없었다. 규칙을 어기는 사람은 조상의 제사에 참여하지 못하는 벌을 내렸다. 장서각 주위에는 연못을 만들고, 방화벽을 쌓아 혹시라도 불이 날 때를 대비했다. 또 벌레와 곰팡이 등으로 책이 망가지는 것을 막기 위해 특수한 식물(레몬그라스)을 이용했고, 맑은 날을 골라 책을 말렸다. 온 가족이 매달 정기적으로 보관 중인 책들의 상태를 점검했다. 이렇게 엄격한 관리로 400년 이상 책을 온전히 보존했다.

재산이냐 책이냐?

죽음을 앞둔 범흠은 집안 재산과 도서관을 나누어 자손에게 선택하게 했다. 큰아들인 범대충(范大冲)은 재산을 포기하고 도서관을 선택했다. 범대충 또한 범흠의 규칙을 잘 따라 도서관을 유지하고 후손에게 물려주었다.

천일각의 책을 수집, 분류하는 방법도 특별했다. 범흠은 직접 책을 고르고, 사들이고, 교정하고 목록을 만들었는데 전통적인 경사자집의 분류 체계가 아니라 자신이 만든 분류 방식을 이용했다. 책장은 천자문 순서로 배치해서 찾기 쉽게 했다. 천일각은 전쟁과 반란을 겪으면서도 파괴되지 않았고 1949년 중화인민공화국이 수립된 후 지방 정부에서 관리하고 있다. 여전히 범흠의 후손이 관리로서 도서관을 돌보고 있다.

한국의 도서관과
책을 돌본 사람

도서관에 관한 기록

우리나라는 고조선 시대부터 문자를 사용했다. 삼국시대에는 중국에서 책을 수입하고 직접 만들기도 했다. 또한 국가에서 운영하는 학교가 있었기 때문에 도서관 역할을 하는 공간도 있었을 것이다. 하지만 고려 이전의 기록이나 유물에서 도서관과 관련된 내용을 찾을 수가 없어 다만 추측할 뿐이다.

도서관에 관한 본격적인 기록은 고려 시대부터 나타난다. 고려는 세계에서 가장 수준 높은 인쇄술을 가지고 있었으며, 문화 수준도 높았다. 교육제도가 잘 갖추어졌고, 학교에 필요한 책을 제공할 수 있는 도서관도 있었다.

● 고려

왕실 도서관, 청연각과 보문각

고려 시대 대표적인 도서관은 청
연각 淸讌閣과 보문각 寶文閣이다.
청연각은 학자들이 왕에게 강연을
하고, 서로 토론하는 궁궐 내의 공
간이었다. 그래서 청연각에 학습에
필요한 각종 자료를 모아두었는
데, 왕의 침실과 가까이 있어서 관

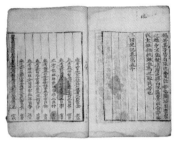

대한민국에 현존하는 가장 오래된 역사서
『삼국사기』(문화재청)

리들이 책을 찾으러 자주 드나들기 불편했다. 관리들의 불편을 덜기
위해 도서관 기능을 하는 건물을 새로 지은 것이 보문각이다.

보문각은 역사책을 편찬하는 등 책을 만드는 일도 했다. 보문각의
관원은 당대 최고의 학자였다. 『삼국사기』를 지은 김부식(1075~1151)
도 보문각에서 일했다. 왕이 일상적으로 일하는 공간에도 책과 자료
를 보관했다. 그 곳은 일종의 개인 도서관으로 학식이 뛰어난 관리가
책을 관리하는 전문 사서 역할을 했다. 왕은 책을 읽다가 궁금한 점이
있으면 사서에게 바로 물어보았다.

다양한 도서관

고려 시대의 학교인 국자감과 향교에는 교육에 필요한 유교 경전이 보관되어 있었다. 특히 국자감에는 책의 보급과 관리를 맡은 부서가 따로 있었다. 국자감에 대한 지원이 줄어들고 사립학교가 번성하게 되면서 개인이 책을 소장한 도서관도 늘어났다.

불교가 번성한 고려에서는 발달한 인쇄 기술로 불경을 많이 만들었다. 자연스럽게 인쇄 목판과 찍어낸 불경은 큰 절에 보관되었다. 지금은 없어졌지만, 당시 가장 큰 규모를 자랑하던 흥왕사에는 불교 경전을 수정하고, 출판하는 관청까지 설치했다.

역사를 기록한 실록과 주요 책이 전쟁이나 화재 등으로 없어지는 것을 막기 위해 나라 안 여러 곳에 사고史庫를 지어 보관했다. 사고는 도서관보다는 보관소에 가까웠다.

● 조선

왕실 도서관, 홍문관과 규장각

조선 시대의 도서관은 고려와 흡사했다. 국가에서 운영하는 도서관, 학교 도서관, 중요한 책을 보존하기 위한 서고가 있었다.

995년, 숭문관을 개칭한 홍문관弘文館은 유교 경전이나 역사 기록물

도서관의 숙적, 책 도둑

도서관에서 책을 훔치거나, 빌려간 다음 반납하지 않는 사람이 있었다. 조선왕조
실록에 도서관에서 책을 훔친 사람은 곧장 100대를 때리고 가족 모두를 변방으
로 내쫓으라는 상소가 올라온 기록이 있을 정도로 책 도둑은 심각한 문제였다.
책을 훔치는 이유는 종이가 귀했기 때문이다. 휴지를 만들어 팔면 좋은 돈벌이가
되었기 때문에 책을 만드는 관청에서 일하는 사람들도 종종 책을 훔쳤다.

을 관리하며 왕의 질문에 답을 하는 기관이었다. 왕의 질문에 제대로
답하기 위해서는 각종 자료와 책을 참고해야 했고, 복잡한 내용은 왕
과 토론하고 강의도 해야 했기 때문에 도서관의 기능도 했다. 책은 중
국에서 수입하기도 하고, 직접 만들기도 했다. 또한, 서울의 관청에서
만드는 책은 무조건 1부씩 홍문관에 제출해야 했고, 지방이나 개인이
만드는 책도 수소문해서 모았다. 홍문관에서 관원 생활을 하면 출세
하기 쉬웠기 때문에 모두 홍문관에서 일하기를 원했지만, 엄격한 기
준을 통과한 사람만 홍문관에서 일할 수 있었다. 과거 급제자 출신인

고급 관리는 주로 책
을 편찬하거나 왕에게
강의하는 등의 일을 했
고, 하급 관리가 책의
분류, 관리, 대출 등을

「동궐도」의 홍문관

사가독서제와 독서당

조선에는 관리들이 공부에만 전념할 수 있도록 휴가를 주었는데, 이를 사가독서 (賜暇讀書)라 한다. 세종대왕이 1426년 처음으로 세 명의 관리를 선발해서 일은 하지 않고 집에서 책만 볼 수 있게 했다. 그런데 집에서 공부를 하면 손님이 찾아오거나 다른 집안일 때문에 방해를 받았다. 그래서 독서당이라는 연구 도서관을 만들어 그곳에서 책을 읽도록 했다. 휴가 기간은 짧게는 1개월에서 3개월까지였고, 긴 경우는 기한을 정하지 않았다. 이 휴가 기간에 드는 비용은 모두 국가에서 부담했다.

담당했다. 왕의 허락을 받지 않으면 책을 궁궐 밖으로 빌려 갈 수 없었다. 책을 빌리고, 반납하는 과정을 어긴 사람은 곤장을 맞고 지방으로 쫓겨날 정도로 엄하게 책을 관리했다.

규장각奎章閣은 1776년 정조가 왕궁 도서관 겸 연구 기관으로 만들었다. 궁 안에 건물을 세우고 역대 왕의 글과 글씨, 그림, 초상화, 왕실

족보 등을 보관했고 학문 연구를 위해 책을 수집했다. 규장각 내에 출판 부서를 두어 직접 책을 만들기도 했다. 규장각에서는 우리나라에서 만든 책과 중국에서 수입한 책 총 3만여 권을 보관했다.

규장각

규장각 소속의 관리는 책을 자유롭게 빌려 볼 수 있었다. 정조는 규장각에서 신하들과 학문과 국가 운영 방안을 토론하는 등 규장각을 중시했다. 하지만 정조 이후에는 책과 자료를 보관하고, 출판하는 기능이 주가 되었다.

학교 도서관

나라에서 세운 관학에도 도서관이 있었다. 성균관에는 교수와 학생이 이용하는 존경각尊經閣이라는 도서관이 있었다. 왕이 때때로 책을 하사했고, 관청은 새 책을 만들 때마다 1부씩 제출했다. 지방 학교인 향교에도 도서관이 있었다. 하지만 향교 도서관은 청소년을 대상으로 했고, 당시에는 향교를 중요하지 않게 생각하는 분위기였기 때문에 소장하고 있는 책의 종류와 숫자가 적었다.

오히려 사립학교인 서원에 책이 많았다. 서원의 도서관에는 지방 유력자가 기증한 책, 왕이 하사한 책, 돈을 주고 구입한 책, 직접 만든 책이 있었다. 서원에서는 사서 역할을 하는 원임院任이 책을 관리했다. 학생들이 읽고 싶은 책을 말하면 원임이 직접 책을 꺼내 주었고, 빌린 책은 서원 안에서만 볼 수 있었다. 원임은 정기적으로 책이 모두 잘 보관되어 있는지 확인했고, 습기가 차거나 벌레 먹는 것을 방지하는 작업을 했다.

『조선왕조실록』을 보관한 사고

실록實錄은 역사를 기록하는 사관들이 왕이 살아있는 동안의 일을 매일 기록해 두었다가, 왕이 죽은 뒤 정리한 역사책이다. 『조선왕조실록』에는 당시의 정치, 경제, 외교, 군사, 문화, 예술, 과학, 풍속 등 나라의 모든 활동이 그대로 기록되어 있다. 전쟁이나 천재지변이 발생할 경우를 대비해 총 4부를 만들어 서울, 충청도 충주, 경상도 성주, 전라도 전주에 1부씩 따로 보관했다. 임진왜란으로 서울, 충주, 성주 사고가 불타 없어졌지만, 전주의 사고는 무사해서 지금까지 실록이 전해올 수 있었다.

국가는 사고에 보존된 책을 엄격하게 관리했다. 사고를 관리하고 지키는 관원이 파견되었으며 실록을 새롭게 보관하거나, 보관된 실록을 꺼낼 때는 까다로운 과정을 거쳤다. 3년에 한 번씩은 보관된 책을 꺼내 햇볕에 말려 책이 망가지지 않도록 했다. 이런 노력을 통해 보존된 조선왕조실록은 1997년 유네스코 세계문화유산에 등록되었다.

근대,
전문 직업으로
자리잡은 사서

도서관이 모두를 위한 공간으로 변화하고, 전문적인 사서를 길러 내는 교육 체계가 생겨났다. 동아시아 역시 국민의 교육과 인재 육성을 위해서 지식의 보고인 도서관 설립에 힘썼다.

산업화 시대의
도서관과 사서

돈 받고 책을 빌려주는 상업 도서관

18세기 산업혁명은 유럽을 뿌리부터 흔들었다. 새로이 성장한 중산층은 시, 희곡, 역사, 전기, 철학뿐 아니라 동시대에 유행하는 소설 등 읽을거리를 원했다. 이 결과 돈을 받고 책을 빌려주는 대출 전문 상업 도서관이 생겨났다. 정부나 공공기관에서 지은 도서관이나 대학교에 딸린 도서관에서는 책을 무료로 대출해 주었지만, 돈을 받고 책을 빌려주는 상업 도서관이 가장 다양한 계층의 이용자와 다양한 종류의 책을 보유한 최대의 대출 도서관이었다.

도서 분류의 혁신, 안토니오 파니치

산업화에 힘입어 책은 쉴 새 없이 쏟아져 나왔고 독자도 늘어났다.

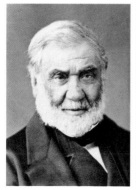

안토니오 파니치   전시실로 바뀌기 이전의 대영박물관 도서관

예를 들어 18세기에 영국 대영박물관 도서관을 찾는 사람은 한 달에 5명꼴이었는데, 100년이 지나자 하루 방문객 수가 100명으로 늘어났다. 책이 많아지고 도서관을 이용하는 사람이 늘자 도서관을 운영하는 방식도 달라졌다.

안토니오 파니치(1798~1879)는 1831년 대영박물관 보조 사서로 취직했다. 그는 이탈리아 출신으로 당시 오스트리아 제국의 지배로부터 이탈리아의 독립을 위해 싸우다가 체포를 피해 탈출해서 영국으로 망명했다. 안토니오 파니치는 사서가 된 이후 대영박물관의 문제를 바로잡았다. 당시 대영박물관은 자료를 수집하고 보관하는 일에만 관심이 있었고, 많은 사람들이 소장품을 편리하게 이용할 수 있도록 돕지는 못했다. 안토니오 파니치는 이러한 점을 보완하고 사서가 하는 일을 구체적으로 정리하여 사서의 지위를 새롭게 정립했다. 그는 가장 먼저 도서 목록을 수정했다. 당시의 도서 목록은 알파벳순으로 책을 분류한 것이었고, 사서는 단지 책이 없어지지 않고 잘 있는지 정도만 파악하고 있었다. 그래서 도서관을 이용하는 사람은 자기가 어떤 책을 원하는지, 그 책을 찾으려면 어떻게 해야 하는지를 분명히 알아야만 했다.

박물관 책임자는 신참 사서에게 단지 귀찮은 단순 작업을 지시한 것이었지만 파니치는 도서관 이용자의 관점에서 도서 목록을 완전히 다시 만들었다. 주제에 따라, 책 제목에 따라 분류하는 것은 물론이고, 책 사이의 관계도 추가해서 목록을 만드는 91개의 규칙을 새로 정했다. 도서관의 문턱을 낮춰 책을 잘 모르는 평범한 독자들도 도서관을 더 활발하게 이용하기 바랐던 파니치는 "가난한 학생이 배움에 대한 호기심을 충족시키려 할 때, 이 나라에서 가장 부유한 사람들과 똑같은 수단을 갖기 바란다"라고 했다.

파니치의 도서 목록은 책으로도 만들어져 엄청난 인기를 끌었다. 출판되자마자 몇 만 부가 팔릴 정도로 대중들은 새로운 도서 목록에 관심을 보였다. 그는 훗날 대영박물관 도서관장이 되었으며 기사 작위도 받았다. 대영박물관 도서관은 1950년대까지 파니치의 분류 원칙을 활용했다.

역사상 가장 유명한 사서, 듀이의 십진 분류

멜빌 듀이(1851~1931)는 뉴욕 출신 사서이자 교육자이다. 그는 대학에서 공부하며 도서관에서 일했다. 뒤죽박죽 섞여 있는 책을 정리하느라 골치가 아팠던 그는 책을 쉽고 효율적으로 분류하는 방법을 고민했다. 듀이는 십진분류법을 고안했다. 우선 책을 내용에 따라 크게 10개의 주제로 구분히고, 10개의 주제를 다시 10개의 하위 분야로 나누었다. 너무 단순하다는 비판을 받기도 했지만 사용하기 간단하고 이해하기 쉬워 지금까지도 대부분 도서관은 이 십진분류법을 기본으로 사용한다.

전문적인 사서 교육의 도입

19세기까지도 사서가 되기 위해 받아야 하는 교육이 따로 정해져 있지 않았다. 대부분의 사서는 도서관에서 먼저 일하고 있던 선배 사서에게 일을 배웠다. 학생들이 아르바이트로 사서 일을 하는 경우도 많았다. 도서관의 규모가 점점 커지고, 해야 하는 일이 복잡해지자 전문적인 직업 훈련을 받은 사서가 많이 필요해졌다.

First School of Library Economy, Class of '88

처음 만들어진 전문 사서 학교 교수와 학생들

사서이자 학자인 칼 즈에

치코(1842~1903)가 독일 괴팅겐 대학에서 도서관학^{library science}을 가르쳤는데 이것이 최초의 전문 사서 교육이었다. 멜빌 듀이는 사서가 전문직이 되어야 한다고 생각하고 1887년 컬럼비아 대학교에 전문 사서 학교를 세웠다. 영국에서도 1919년 런던 대학교에 사서 학교가 생겼다. 20세기 독일의 독재자 히틀러는 도서관을 이용해 국민의 정치적 의견을 통제할 수 있다고 생각해서 자기 입맛에 맞는 전문 사서를 양성하도록 장려했다. 20세기 이후 대부분 대학에는 도서관학, 문헌정보학 등 전공 학과가 생겨났으며, 이 과목을 공부한 사람에게 사서 자격을 준다.

서양식 도서관을 받아들인
중국

새로운 교육을 위한 서양식 도서관의 도입

19세기 중국은 외국의 침략과 내부 반란으로 혼란에 빠졌고 이를 극복하기 위해 서양의 문화와 제도를 받아들였다. 일부 지식인은 백성을 계몽하고 교육하는 수단으로 서양식 공공도서관을 지을 것을 주장했다. 이때까지 중국의 도서관은 책을 보관하는 것이 주요 목적이었는데, 새로운 도서관의 주요 목적은 사람들이 책을 이용할 수 있도록 하는 것이었다.

교육가 정관잉

중국의 교육자였던 정관잉(1842~1922)은 각 지방에 도서관을 설립해서 지방 정부의 비용으로 책을 사들이고 전문 인력을 보내 관리하도록 해야 하며, 서양 도서관처럼 모두에게 개방되어 열람증만 있으면 누구나 책을 이용할 수 있어야 한다고 주장했다. 새로운 교육과 인재 육성을 위해 도서관이 필요하다는 생각이 퍼지며 전국에 도서관이 생겨났다. 중화민국이 수립된 후 도서관은 많이 증가해서 1920년대 후반에는 약 3,000여 개에 이르렀다.

경사도서관

1912년에는 국가 도서관인 경사도서관京師圖書館이 설립되었다. 경사도서관은 황실 도서관, 관청, 국자감 등 학교 도서관에서 보관하던 책과 자료를 모두 모았고, 개인이 가지고 있는 책을 사들였으며, 고대 유적에서 발굴된 책도 수집했다. 경사도서관 소장 도서에는 해외 도서가 포함되었기 때문에 전통적인 경사집주의 사분법이 아니라 서양식 분류 기준을 사용했다.

가장 큰 지방 행정 단위마다 도서관이 만들어졌고, 개인도 도서관을 설립, 운영할 수 있었다. 설립 절차도 간단했고, 정부의 지원도 받을 수 있어서 개인 도

경사도서관

서관이 많이 늘었는데 그 중에는 기독교 선교를 위해 들어온 서양인이 세운 것도 있었다. 일부 도서관은 우편으로 원하는 책을 빌려주거나 집으로 배달해 주는 서비스 제공하기도 했다.

중화민국과 중화인민공화국의 도서관

경사도서관은 중화민국 수립 후 국립 북평도서관이 되었다가, 중화인민공화국 수립 후 1951년에는 북경도서관으로, 다시 1998년에는 중국국가 도서관으로 이름이 바뀌면서 계승되었다. 현재는 많은 대학에 도서관 관련 학과도 만들어져서 전문 사서를 교육하고 있다.

한국의 근대식 도서관

도서관에 관한 새로운 인식

조선 시대 도서관은 유교 경전 위주의 책을 소장했고, 주 이용자는 양반, 관리, 학자 등이었다. 19세기 후반에 일본을 비롯해 여러 나라와 교류를 시작하면서 조선은 새로운 형태의 도서관을 알게 되었다.

외국과 교류를 시작하면서 조선의 지식인들은 일본, 미국 등에서 새로운 문물을 배우고 들어왔다. 김기수(1832~?)는 1876년 일본의 공립 도서관을 방문하고 한국에 소개했으며, 유길준(1856~1914)은 1883년부터 1885년까지 미국에서 공부한 후 돌아와 보고 배운 것을 정리해서 『서유견문』을 썼다. 그는 『서유견문』에서 서적고書籍庫라는 이름으로 서양 도서관의 목적, 운영방식, 현황을 자세히 설명했다. 이렇게 다른 나라에 직접 다녀 온 사람들의 경험이 전해지면서 점차 도서관에 관한 새로운 생각이 퍼져나갔다.

대한도서관 설립 운동

'국력이 발전하기 위해서는 국민이 깨어나야 하며, 국민을 깨어나게 하려면 교육이 필요하고, 교육에는 책이 있어야 하는데, 개인이 책을 모두 구하기 힘드니 나라에서 도서관을 만들어야 한다.'

새로운 도서관 사상을 받아들인 사람들은 국가 도서관을 세우고자 했다. 처음에는 민간에서 시작해서 나중에는 정부 관리가 주관하여 '대한도서관' 설립을 추진했지만 1910년 일제가 대한제국을 강제로 점령하면서 설립 계획이 흐지부지되었다.

사립도서관, 대동서관과 경성도서관

우리나라에도 개인이 만든 도서관이 있었다. 1906년 평양 지역의 뜻있는 사람들이 돈을 모아 대동서관大同書館을 만들었다. 약 만여 권의 책을 소장하고 있는 대동서관은 일반인들에게도 공개했다. 대동서관은 책을 수입하고, 만들어서 파는 일도 했다. 도서관과 출판사와 서점을 겸한 것이다.

1920년에는 서울에서 뜻을 모은 사람들이 경성도서관京城圖書館을 세웠다. 대동서관과는 달리 도서관 역할만 했다. 남녀노소 차별을 없애기 위해 여성을 위한 부인도서실을 설치했고 아동도서관을 만들어

가난한 아이들을 위한 교육 프로그램을 운영한 점이 특징이다. 경성 도서관은 개관 첫날부터 성황을 이루었으나 경영이 어려워져서 5년 만에 문을 닫았다.

일제 강점기 학교 도서관

1926년 일제는 우리나라의 민간 대학 설립 운동을 막고, 경성제국 대학을 설립했다. 경성제국대학의 도서관은 당시 우리나라 최대의 규 모였다. 1930년대에는 약 36만여 권의 책이 있었고, 1945년에는 55만 권의 책을 소장했다. 도서관에는 전문 사서가 고용되어 책을 관리했 다. 하지만 도서관의 사서와 직원 모두 일본인이었다. 일제는 도서관 을 통해 우리나라의 지식사회와 사상을 통제하려 했다.

일본의 패전 이후 경성제국대학은 다른 학교와 합쳐져 국립서울대 학이 되었고, 도서관의 책은 서울대학교 도서관으로 옮겨졌다.

고려대학교가 된 보성 전문학교, 연세대학교 가 된 연희 전문학교, 이 화여자대학교가 된 이화 여자전문학교에도 각각

일제시기 도서관. 조선총독부도서관(왼쪽), 만철경성도서 관(오른쪽) (서울역사박물관)

학교 도서관이 있었다. 이 도서관들은 듀이의 십진분류법을 이용하여 도서를 분류하고, 이용자에게 열람 카드를 발급하는 등 요즘 도서관과 많이 다르지 않았다.

해방 이후 도서관

해방 이후 우리나라의 도서관은 일제 강점기에 있던 도서관으로부터 시설과 책을 넘겨받아 시작되었다. 한국 전쟁의 혼란이 지나고 나서 본격적으로 도서관을 정비했다. 일제로부터 인수한 책 외에 새로 수집한 세계 여러 나라의 책을 추가했고, 분류 기준도 우리나라의 형편에 맞도록 1954년 '한국 십진 분류표'를 만들었다. 이 분류 기준은 몇 차례 수정해서 지금도 사용 중이다.

1963년에는 도서관 운영에 필요한 여러 규정을 법으로 제정하고 국립중앙도서관이 출범했으며, 이후 본격적으로 지방에 공공도서관을 만들어 전 국민이 이용할 수 있게 했다. 1980년대 이후 평생 교육이 중

국립중앙도서관(왼쪽)과 서울대학교 중앙도서관(오른쪽)

요해지면서 도서관의 수가 많이 늘어나 현재는 1,000개 이상의 공공 도서관이 지역마다 있어서 누구나 쉽게 이용할 수 있다.

역사의 산실 도서관, 사서는 산모와 같다

20세기 우리나라 사서의 대표로 뽑을 사람은 백린(1923~2015)이다. 백린은 평안북도 선천에서 태어나 1946년 서울에 정착했고 1948년부터 서울대학교 도서관 사서로 일하기 시작했다. 6·25 전쟁 당시 조선왕조실록을 비롯한 규장각의 국보급 고서를 부산으로 피난시켰고, 1965년에는 규장각 책을 정리하던 중 일제가 귀중한 책을 빼돌린 사실을 알아내, 결국 돌려받는 데 크게 이바지했다. 1969년에는 미국 하버드 대학의 초청을 받아 하버드 대학 도서관이 소장한 한국의 옛 문서를 정리했고, 1973년부터는 하버드 대학 옌칭도서관의 한국관 담당 사서로 일하면서 하버드대 도서관을 한국에 관한 해외 최고의 도서관으로 만들었다.

백린은 "도서관이 역사가 태어나고 사회가 자라는 터전이라면, 사서는 아이를 낳는 어머니 역할을 하는데, 이 어머니가 건강해야 온 나라의 문화가 발전하고 사회가 풍요해진다"라고 생각했다. 그래서 사서는 책 창고를 지키는 사람이 아니라 숨겨진 책을 발굴하고, 정보를 수집하며 새로운 지식을 탐구하는 데 직접 참여해서 학문 연구에 꼭 필요한 존재가 되어야 한다고 이야기했다.

사서의 과거와 현재

고대 사서는 뛰어난 학자였다. 문자를 읽고 쓰는 것을 이상으로 책의 내용을 이해하고, 내용에 따라 분류하고 정리하려면 다양한 방면에 높은 지식이 필요했기 때문에 동서양 모두 당대의 손꼽히는 학자가 사서직을 맡았다. 책은 만들기 힘든 귀중한 물건이었고, 책을 모아 둔 도서관은 왕족, 귀족, 학자 등 특수한 계층이 아니면 이용할 수 없었다. 책을 수리하고, 보관하고, 정리하는 사람들은 노예나 하인, 아니면 단순 사무직이었다.

인쇄술이 발전하면서 책의 종류와 수가 늘어났다. 사회와 경제가 발전하며 풍족해진 많은 사람들이 과거에는 소수의 특권층만이 독점했던 지식과 문화를 누릴 수 있게 되었다. 도서관은 책을 보관하는 장소보다는 모두가 이용하는 곳으로 변화했다. 이 과정에서 책을 분류하는 방식과 도서관을 이용하는 방식도 달라졌는데, 이 변화의 중심에 사서가 있었다. 도서관과 도서관을 이용하는 사람의 수가 늘어나고 교육을 받은 전문 사서도 더욱 많이 필요했다. 외국어를 할 수 있으며, 학문을 이해하고, 책에 대한 기본 지식을 가진 사람이 전문 사서를 했고, 대학에서도 본격적으로 사서를 양성하는 교육을 시행했다. 20세기가 지나면서 도서관은 사람들의 일상으로 들어왔고, 사서는 우리가 쉽게 만나볼 수 있는 직업이 되었다.

최근에는 컴퓨터와 인터넷이 보급되면서, 종이책이 아닌 전자 문서가 늘어나고, 정보 검색이 편해지면서 사서의 업무도 변하고 있다. 사서와 도서관은 기술 발전으로 이루어지는 변화에 발맞추기 위해 스스로 역할과 기능을 다시 정리하고 있다. 하지만 19세기 미국 국회 도서관 사서였던 스포퍼드(1825~1908)가 이야기한 것처럼 "질문하는 사람들에게 가야 할 방향을 안내하고, 도움을 구하는 모든 사람에게 안내자, 철학자, 그리고 친구가 돼야 하는" 사서의 본질은 바뀌지 않았다.

오늘날과
미래의 사서

사서는 책을 맡아보는 직업이다. 요즘에는 기계로도 책을 대출하고 반납할 수 있는데, 사서는 어떤 일을 할까? 종이책이 아닌 전자책만으로 이루어진 도서관이 생겨난다면 사서의 일은 어떻게 변화할까?

사서는 어떤 사람일까?

사서가 하는 일

사서의 가장 기본적인 업무는 책을 빌려주고 돌려받는 것이다. 또, 도서관 이용자가 필요로 하는 정보를 제공해야 한다. 책을 정리하는 일도 굉장히 중요하다. 도서관에는 책이 정해진 순서에 따라 꽂혀 있는데 만일 책이 제자리에 꽂혀 있지 않으면 찾기 매우 어렵다. 찾을 수 없는 책은 도서관에 없는 것과 마찬가지이기 때문에, 사서는 항상 책을 제자리에 보관하기 위해 정리한다.

사서는 도서관에 소장할 책을 선정한다. 도서관에 필요한 책, 사람들이 좋아하는 책이 무엇인지 고려해서 도서관에 가져다 놓을 책을 고른다. 또 이용자들이 신청하는 책을 잘 살펴서 새로 구입한다. 때로는 도서관 운영을 돕는 사람들이 의논을 해서 새로 살 책을 정하기도 한다. 참고서와 문제집처럼 이용자가 필기를 해야 하는 책이나 보관하기 힘든 책은 사지 않는다.

책을 분류하는 것도 사서의 주요 업무이다. 책을 내용에 따라 분야별로 나누고, 어떤 책인지를 쉽게 알 수 있는 표식을 부착한다. 도서관에 보관된 책에는 [004-ㅂ266ㅅ]처럼 숫자와 낱자로 이루어진 부호가 붙어 있다. 이 부호를 '청구기호'라고 하는데, 책의 이름표와 주소역할을 한다. 숫자(004)는 이 책이 어떤 종류의 책인지를 알려 주며, 낱자(ㅂ266ㅅ)는 책을 쓴 사람과 제목을 나타낸다. 도서관의 책은 청구기호 순으로 정리되어 있어서 원하는 책을 찾을 때 꼭 필요하다. 분류할 때는 '한국 십진분류법'이라는 기준을 주로 따르지만, 도서관의 특징을 살린 분류 방법을 사용하기도 한다. 또, 같은 책이라도 사서가 다르게 분류할 수 있다. 책을 찾는데 필요한 색인어, 키워드도 정한다. 특히 인터넷에서 책을 검색할 때는 사서가 책에 어떤 키워드를 붙이느냐에 따라 찾기가 쉬워질 수도 있고, 어려워질 수도 있다.

사서는 책을 추천하는 일도 한다. 주제에 따라 어떤 책을 읽으면 좋을지 도서관 이용자가 쉽게 볼 수 있도록 소개한다. 서점에서는 사람들이 많이 보는 인기 있는 책 위주로 소개하지만, 사서는 꼭 사람들이 많이 읽는 책이 아니더라도 숨겨져 있는 보석 같은 책들을 찾아내어 빛을 보게 한다.

사서는 도서관에서 주최하는 강연, 공연 등을 기획하고 실행한다.

책을 쓴 작가나 책에서 다루는 주제로 강의를 하는 선생님 등을 초대하여 이용자들과 대화하는 자리를 만들기도 한다. 또, 도서관을 이용하는 주민들이 수강할 수 있는 영어 회화, 컴퓨터, 붓글씨나 요가 등 문화 강좌를 열기도 한다.

사서들이 생각하는 좋은 사서

도서관에서 오래 일한 사서나 도서관을 운영하는 관장은 사서라는 직업이 '모든 국민에게 알 권리를 평등하게 제공해서 공동체의 지적 수준을 높이는' 역할을 한다고 생각한다. 그들은 좋은 사서라면 책을 잘 관리할 뿐 아니라 사람을 잘 대할 줄 알아야 한다고 의견을 모은다. 이제 도서관은 동네 주민들과 더불어 살아가며, 지식과 정보뿐 아니라 여가와 휴식도 제공하는 곳이기 때문에 사서는 이용자가 도서관을 쉽고, 편리하게 이용하도록 돕는 서비스를 제공해야 한다. 그래서 '책'을 좋아하는 사람보다 '사람'을 좋아하는 사람이 훌륭한 사서가 될 수 있다고 이야기한다.

사서에게 필요한 역량

사서는 책을 모으고, 정리해서 다른 사람이 편리하게 이용하도록 돕는다. 책을 좋아하는 사람이 선택할 만한 직업이다. 수많은 책 중에서 잘 알려지지 않은, 숨겨진 보물 같은 책을 발굴하는 것도 사서의 중요한 역할이기 때문에 새로운 것을 탐색하는 탐험가의 기질도 필요하다.

사서는 자신의 지식을 쌓기 위해 일하는 것이 아니라 다른 사람이 지식과 정보를 얻도록 돕는 사람이다. 그래서 발견한 새로운 지식과 정보를 다른 사람에게 전달하는 커뮤니케이션 능력이 필수적이다. 경력이 많은 사서나 도서관 운영자들이 이구동성으로 이야기하는 '사람을 좋아하는 사람'이 사서에 어울리는 이유이다.

한 가지 주제에 깊숙이 빠지는 것보다 여러 분야에 두루 관심이 많은 사람이 사서에 어울린다고 할 수 있다. 특정 분야의 전문가로서 학술 연구를 돕는 사서도 있다. 하지만 일반적으로 사서는 소설, 실용서, 전문 서적 외에도 신문과 잡지까지 다양한 종류의 책을 다룬다. 그래서 온갖 일에 호기심을 가지고 탐구하며, 세상이 어떻게 변하고 있는지 늘 주의해서 살펴야 한다. 그래야 지금 사람들이 좋아하는 것, 새로운 유행, 앞으로의 트렌드를 파악해서 도서관 이용객들이 꼭 필요로 하는 책을 권할 수 있다.

사서는 새로운 기술에 빠르게 적응하고 활용할 수 있어야 한다. 컴퓨터와 인터넷 등 정보기술의 발전으로 도서관도 크게 변화하는 중이다. 이용자는 원하는 책을 컴퓨터로 쉽고 빠르게 찾을 수 있고 종이책이 아닌 전자 문서나 e-book을 바로 빌려 볼 수도 있다. 이런 디지털 서비스만을 제공하는 도서관도 있다. 이제 사서는 기술의 변화를 잘 파악해서 더욱 쉽고 편리한 새로운 서비스를 활용해야 한다.

도서관에서는 책을 빌려주는 것 외에도 만화나 책에 들어간 삽화 전시회, 그림 그리기 대회, 요가 강습, 유명한 문화 유적지 여행 등 이용자를 위한 각종 행사를 한다. 사서는 이러한 행사를 준비하고 실행하는 주체로, 때로는 행사의 사회를 보고, 전시회를 안내한다. 많은 사람들 앞에서 행사 주도적이고 활발한 성격도 필요하다.

　책을 좋아하고, 정보를 꼼꼼하게 탐색하면서, 동시에 다양한 세상일에 관심을 가지고, 사람 만나기를 좋아하는 활달하고 적극적인 사람은 좋은 사서가 될 수 있을 것이다. 어찌 보면 서로 어울리지 않는 특성이다. 세상이 변화하고, 도서관이 달라지고, 사서의 역할이 달라지기 때문이다.

도서관과 사서의 변화

가까운 미래에는 어떤 변화가 있을까?

도서관의 수가 많아지고 사용하기 편해져서 이용객이 증가하고 있다. 가까운 곳에 도서관이 없는 지역 주민들도 도서관을 세워 달라고 요구하고 있어서 정부에서도 공공도서관과 사서직을 늘려 나가고 있다. 하지만 사서가 하던 많은 일을 컴퓨터나 관련 기술이 대신하고 있기 때문에 일자리가 아주 많이 늘어나지는 않을 것으로 보인다. 그럼에도 2028년까지 사서는 조금씩 늘어날 것이라 예측하고 있다.

앞으로 종이책이 없어질 것이라는 예측도 있다. 책의 형태는 계속 변해왔다. 점토판, 뼈, 파피루스, 양피지 두루마리, 끈으로 묶은 죽간 등 시대와 기술의 발전에 따라 다양한 재료와 방법을 사용해서 기록해 왔다. 종이의 대량생산이 가능해지고 인쇄술이 발전하면서 지금 우리가 익숙한 종이책이 일반적으로 자리 잡았다. 하지만 종이책도 기술이 발전하면서 그 형태가 달라질 것이고, 변화는 이미 시작되었다.

컴퓨터와 모바일 기술이 발달하면서 이제 사람들은 종이가 아니라 컴퓨터나 스마트폰 등 기계에 기록하기 시작했다. 전자책도 쉽게 찾아볼 수 있다. 많은 사람이 시간이 더 지나면 전자책이 종이책을 대신하리라 예측한다. 물론 아무리 전자책이 발전한다 하더라도 종이책은 종이책만의 장점이 있기 때문에 절대로 없어지지 않을 것이라 주장하는 사람도 있다. 하지만 지금과 같은 양장본 도서가 처음 세상에 나왔을 때도 분명히 양피지 두루마리의 장점을 이야기하던 사람이 있었을 것이다.

도서관의 변화

전자책이 종이책을 대신한다면 도서관은 어떻게 달라질까? 도서관 하면 먼저 떠오르는 것은 책이 빽빽하게 꽂힌 책장이다. 전자책은 컴퓨터 메모리에 저장된 디지털 신호이기 때문에 따로 넓은 보관 공간이 필요 없다. 누구나 집, 학교, 공원 등 어디서나 원하는 책을 볼 수 있다면 일부러 시간을 들여 도서관에 가서 책을 빌리는 사람은 별로 없을 것이다. 그래서 지금의 서고, '열람실'은 아주 작아지거나 아예 없어질 수도 있다. 지금까지 종이책으로 만들어진 책들은 창고에 보관되면서 꼭 필요한 경우에만 꺼내 볼 것이다. 구글은 세계 유명 도서관과 손잡고 소장 도서를 디지털 파일로 만들고 있다. 도서관의 자료를 다 모아 '월드 라이브러리'를 만들 계획이다.

사서는 지금처럼 일할까?

사서는 책을 수집하고, 분류하고, 정리하고, 이용자에게 빌려주고, 필요한 책을 추천하고, 다양한 강연, 모임, 문화행사를 주관한다. 만약 종이책이 사라진다면 책을 수집하고 분류하는 일은 아주 쉬워질 것이다. 실물 도서를 배송 받을 필요 없이 전자책을 온라인으로 내려 받으면 되고, 일일이 손으로 표지를 달지 않아도 되고, 도서관 소유라는 사실을 나타내기 위한 스티커를 따로 붙이지 않아도 된다. 책을 빌려주고 정리하는 일은 사람이 할 필요가 없다. 도서관 회원으로 가입하면 누구나 정해진 시간 동안 전자책을 볼 수 있고, 시간이 지나면 자동으로 회수된다. 또 지금처럼 엉뚱한 곳에 책이 꽂히지 않도록 한 권씩 확인할 필요도 없다. 인공지능은 이용자가 그동안 빌려서 본 책을 바탕으로 이용자가 좋아할 만한 책을 추천할 수 있다. 하지만 이렇게 사서가 하는 일을 기술이 대신 할 수 있다면 사서라는 직업 자체가 없어지는 것은 아닐까?

앞으로 사서가 할 중요한 일

기술의 발전으로 많은 직업이 사라지거나 변하고 있다. 특히 사물을 대상으로 하는 일은 기술이 훨씬 더 잘한다. 하지만 사람을 대하는 일은 기술이 대신하기 어렵다. 사서가 하는 일 중에서 사람을 직접 대하는 일들이 더 중요해질 것이다.

도서관에서 진행하는 각종 강연이나 행사를 기획하고, 원하는 사람들을 모으고, 필요한 서비스를 제공하는 일은 사서의 업무와는 거리가 있는 것처럼 보이지만, 앞으로는 이런 일이 사서의 주요 업무가 될 것이다. 도서관은 사람들이 모여 서로의 관심사를 나누고, 공부하는 공간으로 바뀔 것이다. 사서는 다양한 모임을 주도해서 공통의 관심사를 가진 사람들을 연결해 주고, 책을 소개하고, 시민들이 지식을 공유하고 새롭게 생산할 수 있도록 도와주는 역할을 할 것이다.

사서직의 본질

사서직이 사회적으로 각광받는 인기 직업이라고 보기는 어렵다. 사서는 도서관이라는 공간과 사서가 하는 일에서 의미와 가치를 찾지 못하면 택하기 어려운 직업이며, 오랫동안 보람을 가지고 일하지 못할 것이다. 하지만 무엇보다 책을 사랑하며, 지식을 얻기를 원하는 도서관 이용자들에게 좋은 가이드 역할을 하는 것이 얼마나 보람찬 일인지 알고 있는 사람이라면 평생 떠날 수 없는 직업이다.

사서와 관련된
다른 직업

기록물 관리사

기록물 관리사는 역사적 사건이나 국가적으로 중요한 일의 기록을 남기기 위해 중요한 문서, 기록물 및 제작물 등에 관한 자료를 수집, 보관하는 일을 한다. 1999년에는 '공공기관의 기록물 관리에 관한 법률'을 만들어 체계적인 기록물 관리와 기록물 전문가의 자격 및 배치에 관한 구체적인 규정을 만들었다.

사서가 책을 관리하는 것처럼, 기록물 관리사는 정부에서 만든 자료, 기업체의 회의록, 저명인사의 편지 등을 수집하고, 분류하고, 목록을 작성한다. 이 기록이 안전하게 보관되도록 관리하고 정부 기관, 학자, 언론인 등 자료를 연구하거나 사용하고 싶어 하는 사람들에게 도움을 준다. 정보와 지식에 대한 가치가 증가하면서 기록물을 관리하는 일은 더욱 중요해지고 있다. 일반 회사에서도 기록물 관리사가 하는 일의 필요성을 느끼고 있기 때문에 수요가 더욱 늘어날 것이다.

메이커 랩 퍼실리테이터

도서관에 메이커 실험실Maker's Lab이라고 불리는 새로운 공간이 만들어졌다. '자기 손으로 직접 새로운 물건을 만들어 내자'는 움직임에서 탄생한 메이커 실험실에는 3D프린터, 공작 기계, 재봉틀 등 물건을 만드는데 필요한 각종 기구가 있다. 사람들은 메이커 실험실에서 공부를 하고, 아이디어를 교환하고, 물건을 만든다. 스스로 물건을 만드는 과정에서 새로운 지식을 배우는 것은 도서관에서 책을 찾아 읽으며 스스로 공부하는 것과 흡사하다. 책을 읽는 것 자체가 즐거워서, 책을 읽다보니 모르던 것을 배우는 것처럼 스스로 무엇인가를 만드는 것 자체가 재미있어서, 만들면서 배우는 것이다. 메이커 실험실 이용에 도움을 주는 사람을 메이커 랩 퍼실리테이터facilitator라고 한다.

공공도서관에 개인이 구매해서 이용하기 어려운 도구를 구비해 놓으면 경제적으로 어려운 사람도 자신만의 아이디어를 발휘해서 새로운 물건을 만들 수 있다. 또한 도서관에는 각종 자료가 모아져 있기 때문에 모르는 문제의 해결 방법을 금방 찾아볼 수 있다. 우리나라에서는 2013년부터 공공도서관에 '무한상상실'이란 이름의 메이커 실험실을 만들고 있다. 하지만 좋은 공간에 값비싼 장비를 들여 놓는 것만으로는 부족하다. 이용자에게 사용법을 알려주고, 문제가 발생한 경우 해결해 주고, 모인 사람들과 의견을 나눌 수 있도록 연결다리가 되어 주고, 좋은 아이디어를 도록 생산, 디자인, 상표, 홍보, 판매 전문가와 연결해 주는 역할을 하는 사람이 필요하다. '교사' 혹은 '퍼실리테이터'로 사서가 할 수 있는 일이다.

어떻게 사서가 될 수 있나요?

한국의 도서관 현황

우리나라에는 국가에서 관리 운영하는 국립도서관, 모두가 자유롭게 이용할 수 있으며 운영에 필요한 비용은 세금으로 부담하는 공공도서관, 더욱 많은 사람이 쉽게 찾아갈 수 있도록 동네 곳곳에 세운 작은 도서관, 대학교에 설치된 대학 도서관, 초·중·고등 학교에 있는 학교도서관, 시각·청각 장애인을 위한 도서관, 교도소에 설치된 도서관, 군부대에 있는 병영도서관, 특별한 주제만 다루는 전문도서관 등이 있다.

2019년 기준 문화체육부 국가 도서관 통계에 따르면 국립도서관은 국립중앙도서관, 국회도서관, 법원도서관 3개, 공공도서관 1,134개, 작은 도서관 6,672개, 대학 도서관 453개, 학교 도서관 11,678개, 장애인 도서관 36개, 교도소 도서관 52개, 전문도서관 612개가 있다. 수백 명의 사서가 일하는 대형 도서관도 있고, 동네 작은 도서관의 경우에는 한 명의 사서가 여러 군데를 관리하기도 한다. 학교에는 사서 자격을 갖춘 사서 교사가 있다.

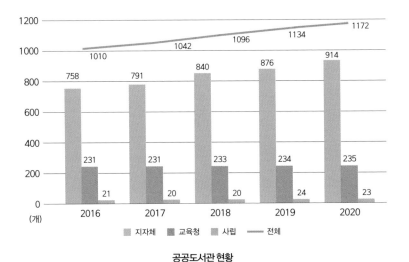

공공도서관 현황

공공도서관 수는 꾸준히 증가하고 있으며, 2019년 기준 1,134관이 있다.

사서직 현황

현재 국립도서관, 공공도서관, 학교 도서관에서 일하는 사서가 약 9,000여 명, 나머지 도서관까지 모두 합하면 약 1만 5천여 명으로 추산된다. 사서의 85%는 여성이며, 대학이나 대학원을 졸업한 사람이 70% 이상이다.

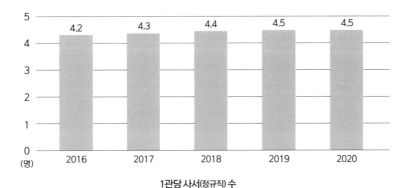

1관당 사서(정규직) 수

1관당 사서(정규직) 수는 연도별 차이가 거의 없으며, 2020년 기준 4.5명이다.

사서 자격 얻기

사서 자격은 준사서, 2급 정사서, 1급 정사서로 구분된다.

• 준사서 자격

준사서 자격을 얻는 방법은 다음과 같다.

1 2년제 전문대학에서 문헌정보학이나 도서관학 전공

2 4년제 대학교에서 문헌정보학이나 도서관학 부전공

3 대학 졸업 후 사서를 교육하는 사서교육원에서 준사서 과정 수료

준사서 자격을 얻는 과정

• 2급 정사서 자격

2급 정사서 자격을 얻는 방법은 다음과 같다.

1 4년제 대학에서 문헌정보학이나 도서관학 전공

2 교육대학원에서 도서관교육이나 사서 교육 전공을 전공한 석사

3 석사 학위 소지자가 사서교육원에서 '2급 정사서 과정' 수료

4 준사서 자격 취득 후 대학원에서 석사 학위 취득

5 도서관에서 일정 기간 근무 후 필요 교육 수료

2급 정사서 자격을 얻는 과정

• 1급 정사서 자격

1급 정사서 자격을 얻는 방법은 다음과 같다.

1 문헌정보학 또는 도서관학 박사

2 2급 정사서 자격을 갖춘 다른 전공 박사

3 2급 정사서 자격을 갖추고 도서관이나 문화체육관광부에서 정한 기관에서 6년 이상 근무한 석사

4 2급 정사서 자격을 갖추고 도서관 등에서 9년 이상 근무한 후 사서교육원에서 1급 정사서 과정 수료

1급 정사서 자격을 얻는 과정

사서가 되기

사서 자격은 사서직에 지원할 수 있는 자격증이다. 사서 자격을 얻은 다음 공공도서관, 학교 도서관, 사립도서관 등 도서관 직원 모집에 응모하여 합격해야 한다. 국회도서관이나 국립중앙도서관, 국공립대학 도서관 등 중앙 정부나 지방 정부에서 운영하는 도서관에 근무하는 사서는 공무원이다. 국공립 도서관에서 사서로 일하기 위해서는 사서직 공무원 임용시험을 치러 합격해야 한다.

3부

지식을 전시하는 사람,
큐레이터

박물관과
큐레이터

큐레이터 또는 학예사, 학예연구사, 전시기획자는 박물관, 미술

관 등에서 작품 등을 수집, 전시 기획 등을 하는 전문 직업이다.

큐레이터라는 직업의 역사는 보물 창고로부터 시작된 박물관의

역사와 함께 한다.

인류 문화를
관리하고 소개하다

큐레이터란?

인류의 문명을 보존하고, 사람들에게 알리는 또 다른 중요한 장소는 박물관museum이다. 박물관은 고대부터 현재까지 인류가 발견하고 만들어 낸 수많은 물건이나 옛날 동물과 식물의 화석, 돌 등 자연의 산물을 정리해서 모두가 볼 수 있도록 전시하는 공간이다. 미술 작품만을 집중적으로 소장하고 전시하는 미술관도 있다.

박물관과 미술관에서 보존할 유물이나 작품을 수집해서 연구하고, 손상되지 않도록 보호하고, 보여줄 것을 골라 전시하고, 관람객에게 작품에 대해 설명하는 사람이 바로 큐레이터curator이다.

보이는 것과 같지 않은 일

큐레이터라는 직업은 드라마나 영화에서 굉장히 멋지고 우아한 모습으로 나온다. 주로 미술관이나 갤러리를 배경으로 등장하고, 항상 점잖고 부유한 사람들을 상대하는 것처럼 보인다. 이런 이미지에 익숙한 사람들은 큐레이터를 화려하고 멋진 직업이라고 생각하기 쉽다. 하지만 큐레이터는 보이는 것 외에도 훨씬 많은 일을 한다.

큐레이터는 사서가 책을 모으고 분류하는 것처럼 유물이나 미술품을 찾고, 모아서 기록한다. 사진이나 영상으로 그 모습을 담고, 의미를 찾아 정리한다.

큐레이터는 수많은 유물과 작품 속에 파묻혀서 연구를 하고, 새로운 전시를 기획한다. 박물관이나 미술관에서 보관하고 있는 소장품은 너무 많아서 제한된 공간에 한 번에 전시하기 어렵다. 그래서 무엇을 어

큐레이터, 키퍼, 학예사

큐레이터(curator)는 '돌보다'라는 의미의 라틴어 '큐라레(curare)'에서 비롯되었다. 원래 어린아이나 보살핌이 필요한 사람을 돌보는 일을 칭하는 단어였는데, 14세기 중반에 '감독자, 관리자, 후견인'이라는 의미로 처음 사용되었다. 17세기 귀족이나 부유층이 모은 귀중품을 관리하는 사람은 '키퍼(Keeper)'라고 불렀다. 박물관이 많이 생겨난 18~19세기부터 소장품을 보존, 관리하는 사람을 큐레이터라고 부르기 시작했다. 우리나라에서는 '학예사(學藝士)'라고 한다.

떻게 보여줄지 정하는 일도 큐레이터의 몫이다. 시대 순으로 전시할지, 주제별로 전시할지, 작가에 따라 전시할지, 항상 공개할지 아니면 일정 기간만 공개할지 등을 정하고 적합한 전시품을 고른다. 그리고 관람객이 작품을 잘 볼 수 있도록 배치하고, 전시관도 꾸민다.

전시된 작품을 설명하는 것도 큐레이터의 중요한 일이다. 작품의 역사와 의의, 특징을 누구나 쉽게 이해할 수 있도록 정리해서 제공하고, 때로는 관람객 앞에서 직접 작품을 설명한다.* 전시회를 홍보하기 위한 글을 쓰기도 하고, 작품의 사진과 소개글을 엮어 책을 만들기도 한다.

박물관의 소장품은 큐레이터의 손을 거쳐 새로워진다. 큐레이터가 어떤 주제로 무엇을 보여주느냐에 따라 사람들은 이전까지 보지 못했던 인류 문화의 새로운 모습을 발견할 수 있다. 또한, 큐레이터는 전시를 통해 만들어낸 전시품들의 새로운 모습을 모두가 알 수 있게 전달하고 가르치는 교사이기도 하다.

---

* 박물관이나 미술관 등에서 관람객들에게 전시물을 설명하는 전문 안내인을 도슨트라고도 한다.

박물관의 역사

고대 박물관

고대 알렉산드리아에는 무세이온이라는 학문 연구소와 무세이온의 회원인 학자들이 연구하는 것을 돕는 도서관이 있었다. 당시 도서관에는 오늘날의 박물관처럼 모든 분야의 수집품이 다 있었다. 그리스에도 야외 미술관처럼 조각 작품을 전시해 둔 곳이 있었으며, 로마에는 일반인들이 조각상을 관람할 수 있는 장소도 있었다. 동양에서도 고대 왕국은 왕궁에 보물을 깊숙이 감추어 두었다. 하지만 과거 이런 장소는 아무나 출입할 수 없었고, 어떤 소장품이 얼마나 있었는지도 알려지지 않았다.

중세의 보물 창고

중세 수도원에는 고대 유물과 기독교에서 신성하다고 여기는 물건, 성물聖物이 보관되어 있었다. 문화적 가치와는 관계없는 금, 은, 보석과 같은 귀중품도 보관되어 있었다. 소장품을 특별히 모으는 기준이나 분류하는 기준은 없었고, 급히 돈이 필요한 일이 생기면 팔기도 했다. 왕과 귀족들도 자신의 보물 창고를 늘렸다. 특히 십자군 원정으로 동양의 귀한 물건이 많이 들어와 보물 창고를 채웠다.

르네상스를 맞이하며

14세기 후반, 문예 부흥기를 맞이해서 보물 창고는 더 풍성해졌다. 고대에 관한 사람들의 관심이 커지자 그리스, 로마 시대의 오래된 조각상, 필사본, 동전, 기념비 등이 다시 빛을 보기 시작했다. 당시 귀족과 부유층들은 고대 유물을 열심히 모았다. 또한 가난한 예술가를 경제적으로 후원하고, 예술 작품을 비싼 값에 수집하는 등 예술 활동을 적극적으로 지원했다. 새롭게 돈을 번 상인 계층은 고대 유물이나 예술 작품을 사 모아 자신의 부와 명예를 자랑하려고 했다. 가문의 지위를 상승시켜 정치적 영향력을 발휘하는 데에도 예술 작품을 이용했다. 귀족과 부유층은 이렇게 모은 유물과 예술 작품을 다른 사람에게 자랑할 장소가 필요했다. 그래서 자기 집, 서재, 정원, 별장, 무덤까지 아름답게 꾸며 작품을 전시했다.

처음에는 방 안과 서재를 소장품으로 꾸미다가 점차 정원이나 별장에 넓은 공간에 예술 작품을 진열했지만, 여기는 소유자의 친한 친구, 고위층, 유명한 학자나 예술가들만 방문해서 구경할 수 있었다. 전시

메디치가의 개인 소장실, 우피치 트리부나 방과 갈레리아

1560년 메디치 가문 출신으로 피렌체를 다스리던 코시모 1세는 우피치(Uffizi) 건물의 4층을 메디치 가문의 개인 소장품을 전시하는 곳으로 이용했다. 갈레리아(galleria)라고 불리던 복도에는 조각품, 초상화 등이 놓여있었다. 화가의 작품을 전시하고 판매하는 갤러리(gallery)라는 이름이 갈레리아에서 유래했다.

갈레리아와 연결된 방마다는 주제를 정해 소장품을 모아두었다. 어떤 방에는 무기, 갑옷 등이 있었고, 다른 방에는 천문학이나 수학과 관련된 소장품들이 있었다. 가장 유명한 방은 트리부나(Tribuna)로, 이곳에는 당시 최고의 미술 작품과 온갖 귀중품이 있었다. 우피치는 지금도 세계적인 미술관으로 유명하다.

조안 조파니가 그린 〈우피치의 트리부나〉(영국왕실), 우피치 미술관 트리부나 방

하는 방식도 주인 마음대로였는데, 주변에서 예술이나 학문에 조예가 깊은 사람이 도움을 주었다.

예술품이 있는 방

15세기 이후 유럽인은 바다를 건너 신대륙으로 나갔다. 콜럼버스가 발견한 신대륙으로부터 이전에는 보지 못했던 신기한 물건들이 들어왔다. 예술품과 함께 진기한 광물, 동양에서 수입된 도자기, 희귀 동식물의 화석이 함께 전시되었다. 이런 방을 '호기심의 방'이라고 불렀다.

16세기에 들어서면서 유럽에는 국왕 중심의 강력한 국가가 탄생했다. 왕은 문예 부흥기의 귀족 가문이나 부자가 수집하는 것과는 비교가 되지 않을 만큼 많은 것을 모을 수 있었다. 자연스럽게 전시를 위한 공간도 커졌다. 이런 진열실의 이름은 '예술품이 있는 방'이었다. 이 방

페난트 임페라토가 퍼낸 『자연의 역사』(1599)에 실린 「호기심의 방」
한스 III 요르단스가 그린 〈예술품이 있는 방〉(1630), (비엔나 예술사 박물관)

에는 왕이나 황제를 찾아온 손님이나 다른 나라의 외교 사절이 보낸
선물도 전시되었다.

새로운 박물관의 탄생

박물관은 소수의 특권층만 관람할 수 있는 곳이었으나 시간이 지나
며 일반인도 이용할 수 있게 되었다. 1683년, 영국 옥스퍼드 대학교에
있는 애슈몰린 박물관이 일반인도 관람할 수 있는 최초의 대학 박물
관으로 문을 열었다. 다만 관람하고 싶은 사람은 미리 허락을 받아야
했는데, 허가를 받기까지 길게는 한 달이나 걸렸다. 애슈몰린 박물관
은 옥스퍼드 대학생을 전공 분야에 따라 큐레이터로 뽑아 유물을 관
리하고, 소장품 목록을 만들게 했다.

17세기에 접어들면서 과학이 비약적으로 발전하고, 합리적인 사고
가 자리 잡았다. 인쇄술이 발전해 책을 접하기 쉬워지자 사회 전체의

지식수준도 높아졌다. 그때까지만 해도 박물관에서는 미술 작품 옆에 무기가 놓여 있고 그 옆에는 동물 화석이 놓여 있는 식으로 소장품들을 그냥 모아 두기만 했다. 하지만 사람들은 이제 체계적으로 정리된 유물과 예술품을 보고 싶어 했다.

박물관은 소장품을 시대 순으로 구분하거나 주제에 따라 분류하고, 전시하는 방도 구분하기 시작했고 그에 따라 박물관 직원도 늘어났다. 고고학이 발전하며 고대 유물이 많이 발굴되어 박물관의 소장품도 증가했다.

박물관이 모두에게 개방되었지만 여전히 이용하기 불편했기 때문에 대부분의 관람객은 지식인과 예술가 중심의 특권층이었다. 특히 왕실에 있는 대형 박물관들은 20세기 초가 되어서야 비로소 원하는 누구나 볼 수 있었다. 이 박물관에서 일하는 사람들은 전문 직업을 가진 사람이 아닌 왕실 고용인이었다.

근대 이후 서양 박물관과 큐레이터

프랑스 혁명과 국가 박물관

1789년, 프랑스 민중들이 '대혁명'을 일으켜 왕과 귀족이 다스리는 체제를 무너뜨렸다. 왕궁과 귀족의 저택을 접수한 군중은 발견한 수많은 예술품을 국가의 것으로 삼았다. 1793년 9월, 옛 왕궁 루브르에 '프랑스 박물관'이 처음 문을 열고, 귀족과 교회에서 몰수한 미술품을 전시했다. 박물관은 더 이상 왕이나 귀족만의 것이 아니라 국민 모두의 것이었고, 보물 창고가 아니라 민족의 전통과 문화를 교육하는 장소가 되었다.

19세기가 되면서 박물관은 국가의 상징이 되었다. 영국의 대영박물관과 국립미술관, 독일의 베를린 구 박물관, 스페인의 프라도 국립박물관 등 나라마다 대표 박물관이 있었다. 박물관들은 더욱 가치 있는 물건을 소장하려고 국가의 자존심을 걸고 경쟁했다. 소장품 중에는 전쟁이나 식민지 지배를 통해 다른 나라로부터 강제로 빼앗은 것도 많았다.

미국의 상업박물관

19세기 미국에서 박물관은 사람들에게 교육과 오락을 동시에 제공하는 곳이었다. 존 스커더(?~1821)는 1810년 미국 뉴욕에 '뉴 아메리카 박물관'을 세웠다. 박물관으로 사업을 시작한 것이다.

이 박물관은 관람객들이 들어올 때마다 입구에서 악단이 곡을 연주했고, 진기한 광물, 동전, 조개 껍데기, 동물 박제 등을 전시했다. 한 번 관람하려면 지금 돈으로 약 6,000원 정도를 내야 했는데, 특히 미라 전시와 마술 공연이 인기가 많았다. 뉴 아메리카 박물관은 장사가 꽤 잘

되었고 1821년에는 당시에는 굉장히 큰 금액을 월급으로 주고 큐레이터를 고용하기도 했다.

존 스커더의 뉴 아메리카 박물관

기술 발달로 인한 박물관의 변화

과학과 기술이 발달하며 박물관의 모습도 달라졌다. 주로 고대 유물과 역사적 유산, 예술품을 소장하던 박물관에는 새롭게 등장한 기계가 전시되었고, 사라진 동물을 복원해서 전시하기도 했다. 고고학과 역사학이 발전하면서 소장하고 있던 유물의 시대를 더욱 자세하게 구분하고, 망가져 있던 것도 고칠 수 있게 되어 방문객들은 전문가가 복원한 유물을 볼 수 있게 되었다. 이에 따라 박물관에는 더 많은 분야의 전문가가 필요하게 되었다.

직업으로 자리잡은 큐레이터

20세기에 접어들면서 전문 큐레이터가 직업으로 자리 잡기 시작했다. 1906년 미국에서는 박물관에서 일하는 사람들의 모임인 '박물관 협회'가 만들어졌다. 박물관 협회에서 박물관에서 일하는 직원들의 교육 과정과 자격을 정했고, 대학에서 박물관 관련 교육 과정을 만드는 데도 도움을 주었다. 박물관은 단순히 수집품을 보관하는 장소가 아니라 큐레이터의 기획에 따라 새로운 전시를 보여주는 곳이라는 인식도 새롭게 생겨났다. 큐레이터는 특정한 주제를 선택해서 주제와 관련이 있는 다양한 소장품을 고르고, 예술 활동을 하고 있는 동시대의 작가들의 작품들도 함께 묶어 전시를 계획하고는 했다.

최근의 큐레이터

1990년대가 되자 큐레이터에 관한 관심이 크게 늘었다. 책이나 방송 프로그램에서 큐레이터가 하는 일을 소개했고, 더 많은 사람들이 큐레이터에 관심을 가졌다. 전 세계의 대학교, 박물관, 미술관에서 큐레이터를 양성하는 교육을 시작했다. 큐레이터는 특정 분야나 주제의 전문가이면서 동시에 일반 관람객들이 이해하기 쉽도록 소장품의 역사와 의의를 설명해주는 길잡이가 되었다.

세계적으로 이름을 알린 스타 큐레이터도 나타났다. 이들을 보고 큐레이터를 화려한 직업으로 생각하는 사람들이 늘었다. 하지만 대부분의 큐레이터는 드러나지 않는 곳에서 묵묵히 소장품을 연구하고, 전시하고, 소개하는 글을 쓴다는 점을 잊지 말아야 한다.

독립 큐레이터의 선구자, 하랄드 제만

자유롭게 전시를 기획하고, 작가와 작품을 모아서 사람들에게 선보이는 '독립 큐레이터'가 있다. 독립 큐레이터의 선구자로는 하랄드 제만(1933-2005)을 꼽는다. 스위스 출신인 하랄드 제만은 미술사, 고고학, 연극 등을 전공하고 '쿤스트할레'에서 큐레이터로 일하면서, 기존의 고정관념을 깨뜨리는 획기적인 전시로 미술계에 이름을 날렸다. 1968년부터는 어디에도 속하지 않은 독립 큐레이터로 여러 대형 국제전시회의 기획을 맡아 새로운 아이디어를 펼쳤고, 신인 예술가도 많이 발굴했다. 1997년에는 광주 비엔날레의 총감독을 맡기도 했다.

근대 이후 동아시아 박물관과 큐레이터

과거 중국과 한국의 박물관은 왕실이나 귀족, 혹은 부자의 개인 보물 창고였다. 출입할 수 있는 사람은 극소수였고, 어떤 것이 있는지도 알기 어려웠다. 19세기 이후 서구 문물을 받아들이며 비로소 박물관이라고 부를 장소가 생겨났다.

중국의 근대 박물관

동양에서도 금은보석처럼 가치 있는 것, 권위를 상징하는 의복, 도장, 제사 용기, 글씨나 그림 같은 예술 작품은 황제나 귀족, 관리의 것으로 아무나 볼 수 있는 것이 아니었다. 청 왕조 말기 서양 문물이 도입되면서 누구나 방문해서 볼 수 있는 서구식 근대 박물관이 생겨났다. 중국 최초의 근대 박물관은 1905년 세워진 난퉁박물원南通博物苑

이다. 난퉁박물원에는 식물, 광물 등 자연사 관련 소장품과 역사, 미술, 교육 관련 소장품이 있었다.

청 왕조가 무너진 후, 중화민국은 청 황실 소장품을 접수하고 국립 박물관을 세워 외부에 공개했다. 대학, 연구소 등은 특정 주제를 중심으로 전시하는 전문 박물관을 만들었고, 1936년에는 박물관의 수가 77개에 달했다. 중화 인민 공화국이 수립된 다음에는 국가 정책으로 박물관을 크게 늘렸다.

한국의 근대 박물관

우리나라에 서구식 근대 박물관이 소개된 것은 19세기 말 일본과 서양을 방문했던 사람들이 돌아오면서부터였다. 하지만 불행히도 우리나라에 최초로 세워진 박물관은 일제의 조선총독부가 주관한 이왕가박물관李王家博物館이었다. 일제는 창경궁昌慶宮 안에 왕실 소장품 위주로 박물관과 식물원, 동물원을 만들었다. 이들이 이처럼 왕궁에 동물원과 식물원을 만든 이유는 왕실의 권위를 떨어뜨리기 위해서였다. 이왕가박물관에는 7명의 직원이 있었는데, 관장, 단순관리직, 기술직뿐이었고 소장품을 수

이왕가박물관 본관 전경(서울역사박물관)

집, 연구, 관리하는 큐레이터는 없었다. 7명밖에 되지 않는 직원이 동물원과 식물원까지 모두 관리했기 때문에 박물관은 제 역할을 하지 못했다. 소장품에 관한 전문가가 없었기 때문에 누군가 몰래 무덤을 파헤쳐 찾아낸 유물까지 사들이고, 관람하러 온 사람들에게는 충분한 정보를 제공할 수 없었다.

또한 일제는 자신들이 쇠락한 조선을 발전시켰다는 선전을 하고자 1915년 '조선총독부박물관'을 만들었다. 조선총독부박물관은 식민지 지배의 도구였다. 일제는 고고학과 역사학을 이용해서 조선의 역사를 폄하하고, 식민지 지배의 정당성을 얻으려 했다. 한국의 역사적 유물을 단순 공예품으로 취급하고, 문화적 우수성을 무시하고, 중국이나 일본의 영향을 받은 것으로 보이도록 했다. 뛰어난 문화재는 전시하지 않거나, 눈에 띄지 않도록 다른 것과 섞어 두기도 했다. 일제는 서울의 총독부 박물관 외에도 경주, 부여, 공주, 평양, 개성에 지방 박물관을 두고 관리했다.

국립중앙박물관

해방 후 우리나라는 조선총독부 박물관을 인수하여 국립박물관을 개관했다. 1950년 한국 전쟁 당시에는 부산으로 피난했고, 전쟁이 끝난 후에는 남산으로 옮겼다가 1972년에는 경복궁으로 옮겨 이름을 국립중앙박물관으로 바꿨다. 2005년에는 용산에 새로운 국립중앙박물

국립중앙박물관 전시실

용산의 국립중앙박물관 전경

관을 지었다. 선사 · 고대관, 중 · 근세관, 서화관, 기증관, 조각 · 공예관, 세계문화관등 6개의 상설 전시관을 운영하고 있으며, 때마다 특별전시 행사를 한다. 온라인으로도 소장품을 감상할 수 있다.

민족 예술을 지킨 전형필과 간송미술관

전형필(1906~1962)은 일제 강점기에 우리 문화재를 지킨 사람이다. 그는 민족의 혼을 지키기 위해 전 재산을 들여 일본에 팔려갈 뻔한 소중한 문화재를 사들이고, 1938년에는 '보화각(寶華閣)'이라는 최초의 사립 미술관을 지어 보관했다. 일제의 감시와 탄압 때문에 제대로 전시를 하지는 못했지만, 보화각에는 당시 우리나라 문화계를 대표하는 사람들이 드나들며 연구에 전념했다. 전형필은 해방 후에도 문화재를 연구, 정리하는 데 전념했다. 그가 세상을 떠난 후, 1971년 보화각은 전형필의 호를 따 '간송(澗松)미술관'이라는 새 이름으로 일반인에게 공개됐다. 간송미술관에는 훈민정음 해례본, 청자상감운학문매병, 신윤복이 그린 「미인도」와 같은 국보가 있다.

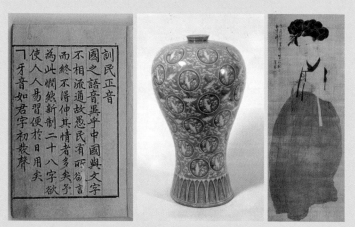

간송미술관의 주요 소장품, 훈민정음 해례본(왼쪽), 청자상감운학문매병(가운데), 신윤복의 「미인도」(오른쪽)

오늘날과 미래의 큐레이터

큐레이터는 전시 시작부터 마무리 단계까지 전반적인 과정에 참여하는 전문인이다. 전시 해설을 전문으로 하는 도슨트와는 구분된다. 기술의 발전과 변화하는 사회에 따라 전시의 양상 또한 달라진다. 미래의 큐레이터가 갖추어야 할 소양 역시 변화를 거듭하고 있다.

큐레이터라는 직업

한국의 큐레이터

큐레이터가 직업으로 자리잡은 지는 오래되지 않았다. 우리나라에는 1980년대까지 큐레이터가 되기 위해 공부해야 하는 내용과 갖추어야 하는 자격이 정해져 있지 않았다. 1990년대에 전문 직업으로서 큐레이터의 필요성이 커졌고, 1998년 큐레이터 관련 대학 학과가 생겼다. 2000년에는 '박물관 및 미술관 진흥법'에 학예사(큐레이터)가 되기 위한 자격 기준을 정했다.

큐레이터에게 필요한 역량

큐레이터는 예술과 문화를 통해 지금까지 없었던 새로운 생각을 보여주는 사람이다. 항상 호기심을 가지고 환경이 어떻게 달라지는지 관찰하고, 상상력과 창의력을 발휘해야 한다.

큐레이터는 연결하는 사람이다. 작가와 작품, 그리고 관람객을 서로 연결해서 문화와 예술의 가치를 잇는다. 유물과 예술 작품을 꼼꼼히 연구하고 분석하는 것도 중요하지만, 사람을 만나 어울리는 것을 좋아해야 한다. 전시를 알리고 소장품을 설명하는 글을 써서 책으로 만드는 것도 매우 중요한 일이기 때문에 글 솜씨도 필요하다. 박물관, 미술관도 온라인으로 감상할 수 있는 방법이 많아졌다. 큐레이터도 그만큼 새로운 기술에 익숙해야 한다.

사회의 발전과
큐레이터의 변화

가까운 미래

국가 소득이 증가하고, 여가 시간에 문화생활을 즐기는 사람이 늘어났다. 현장학습, 체험학습을 위해 박물관이나 미술관을 찾는 사람도 점점 증가하고 있다. 국가 차원에서도 박물관, 미술관을 새로 짓고, 운영하는데 필요한 돈을 전보다 더 많이 지원한다. 이로 인해 큐레이터도 앞으로도 조금씩 늘어날 것으로 예측한다.

30년 후에는 어떻게 될까?

기술의 발전과 사회의 변화는 박물관, 미술관에도 영향을 미칠 것이다. 박물관에 가야만 볼 수 있던 전시를 이제는 컴퓨터와 인터넷을 통해 언제, 어디서나 찾아볼 수 있다. 큐레이터의 실시간 설명을 직접 들지 않아도 인터넷을 이용하면 다양한 글과 사진, 동영상 등으로 전시된 작품에 관해 자세히 알아볼 수도 있다. 많은 박물관과 미술관이 이런 온라인 서비스를 하고 있다. 국립중앙박물관에서도 온라인 전시관을 만들어 우리의 훌륭한 문화유산을 자세하고 재미있는 설명을 곁들여 영상으로 소개한다. 미술관도 마찬가지다. 앞으로 가상현실, 홀로그램 등의 기술이 적용되면 작품을 실제로 눈앞에서 보는 것처럼 감상할 수도 있을 것이다.

박물관과 미술관은 사라질까?

어떤 사람은 앞으로 기술이 더 발전하면 직접 박물관이나 미술관을 방문하는 사람들이 점점 줄어들어 결국에는 박물관과 미술관이 사라질 것이라고 주장한다. 하지만 우리가 박물관과 미술관을 찾는 큰 이유는 과거 사람들이 쓰던 물건을 '실제'로 보고, 화가가 그린 '실제' 그림을 보고 역사와 문화를 느끼기 위함이다. '진짜 같은', '더 실감 나는' 것은 '실제'가 주는 감동을 능가하지는 못한다. 기술의 발달로 인해 박물관이나 미술관이 없어지지는 않을 것이다. 기술의 발달은 더욱 다양하고 많은 사람이 편리하게 문화유산과 예술 작품을 즐기고, 인류 문화의 가치를 알 수 있도록 활용될 것이다.

큐레이터가 하는 일은 달라질까?

큐레이터는 좋은 작품을 골라 이야기를 만들어내고, 이를 잘 전달하는 사람이다. 환경이 변해도 본래 해야 하는 일은 바뀌지 않는다.

전시 공간은 다양해졌다. 인스타그램에 사진을 올리고, 유튜브와 틱톡에 영상을 공유하고, 글을 쓰고, 해시태그를 작성하는 일도 큐레이션이다. 그뿐만 아니라 농촌의 오래된 집, 탄광, 공장, 심지어는 감옥까지 전시를 위한 장소로 쓰인다. 온라인에서는 온라인 환경에 어울리는 작품과 이야기를, 농촌의 오래된 집에는 그에 맞는 작품과 이야기를 선정해 사람들이 보고 즐길 수 있도록 설명해야 한다. 이를 위해서는 항상 기술의 발전과 환경 변화에 민감해야 한다.

큐레이터의 가치

큐레이터는 기원전 4세기부터 알렉산드리아 무세이온에서 인류의 문화유산을 보존하고 관리했다. 르네상스 시대 궁전에서 현대의 박물관과 미술관에 이르기까지 사람들에게 문화와 예술의 가치를 전파하는 교사이고, 새로운 사상을 창조하는 작가이다. 수천 년을 이어온 직업이고, 앞으로도 인류가 존재하는 한 누군가는 할 일이다.

큐레이터와 관련된
다른 직업

큐레이터가 하는 일과 본질은 동일하지만, 변화하는 환경에 따라 새로운 관련 직업이 생겨나고 있다.

디지털 큐레이터

온라인 가상공간에 점점 더 많은 박물관과 미술관이 등장하고 있다. 온라인 박물관과 미술관에는 누구나 접근해서 소장품을 감상할 수 있다. 특히 외딴 지역에 살거나, 몸이 불편해서 박물관과 미술관을 직접 방문하기 어려운 사람들도 인터넷만 사용 가능하다면 이용할 수 있다. 또한 아직 유명하지 않은 예술가도 자신의 작품을 쉽게 알릴 수 있다는 큰 장점이 있어 앞으로도 계속 성장할 것이다.

'디지털 큐레이터'는 온라인 전시관에서 보여줄 작품을 고르고, 인터넷 기술을 이용해서 전시를 효과적으로 표현하는 방법을 기획하고 연출한다. 미술 전시회에서는 전시 작품을 판매하기도 하는데, 온라인 전시회에서는 작품을 온라인 쇼핑처럼 판매하고 구매할 수 있다. 이런 이벤트를 위해서 디지털 큐레이터는 판매 준비를 하고, 전시 홍보를 위한 이벤트도 기획한다. 디지털 큐레이터는 웹 디자이너, 프로그래머 등 기술 전문가와 함께 일해야 한다. 디지털 큐레이터는 기존 큐레이터가 갖추어야 할 능력에 더해서 컴퓨터와 컴퓨터 소프트웨어, 웹에 대한 기본 지식과 감각이 필요하다.

해외에서는 거대 정보 통신 기업이 온라인 미술관과 박물관을 만들어 인터넷 사용자들에게 제공하고 있다. 구글은 전 세계 유명 미술관이 소장하고 있는 천여 점이 넘는 미술품을 자세히 볼 수 있는 구글 아트 프로젝트 서비스를 제공한다. 애플은 유명한 건축물을 볼 수 있는 가상 박물관을 운영한다. 이런 곳들을 관리하기 위해 디지털 큐레이터를 뽑는 박물관과 미술관이 늘어나고 있다.

우리나라에서는 디지털 큐레이터가 되기 위해서 필요한 자격으로 정해진 것은 따로 없다. 현재 어느 곳에서 몇 명이 디지털 큐레이터로 일하고 있는지도 알 수 없다. 하지만 대형 국립박물관이나 미술관뿐 아니라, 개인이 운영하는 작은 미술전시관도 온라인 전시를 진행하는 추세이기 때문에 얼마 지나지 않아 새로운 직업으로 자리 잡을 것이다.

디지털 헤리티지 전문가

박물관에는 예술적으로 가치가 있는 건조물, 서적, 미술품, 공예품, 조각품 등의 유형문화재를 보존하고 수리하며, 복원하는 등의 일을 하는 '문화재 보존원'이 있다. 과학적인 방법을 활용하여 망가진 문화재를 원래대로 복원하면서, 오랫동안 잘 보존하기 위한 과학과 기술을 연구한다. 최근에는 가상현실과 같은 최신 기술을 활용해서 없어질 염려가 있는 문화재나 예술 작품의 모습을 그대로 보존한다. 또 그래픽기술과 인공지능 기술을 이용해서 망가진 부분의 모습을 가상으로 되살리기도 한다. 이런 일을 하는 사람을 '디지털 헤리티지heritage 전문가'라고 한다.

아직 디지털 헤리티지 전문가가 하는 일이 명확하지 않아 컴퓨터 그래픽 전문가, 가상현실이나 증강현실 기술 전문가, 게임 분야 관련자 등 다른 디지털 기술 전문가들이 겸하거나, 혹은 큐레이터나 시나리오 작가들이 기술 전문가와 같이 일하기도 한다. 우리나라에는 약 100~200여 명이 디지털 헤리티지 전문가로 일하고 있는데, 정부의 지원을 받아 석굴암, 미륵사지 등의 문화재와 정선, 신윤복 같은 화가의 작품을 디지털로 구현하고 전시하는 등의 일을 했다. 지금도 활발히 활동을 이어나가고 있다.

디지털 헤리티지 전문가로 일하기 위해서는 문화재와 문화유산, 예술품에 관한 전문적인 지식과 더불어 컴퓨터와 관련된 수준 높은 기

로마, 야누스 아치의 실제 모습(왼쪽)과 디지털 영상 보존 모습(오른쪽)

술도 필요하다. 몇몇 대학과 대학원 과정에서 이론과 실기를 가르친다. 이 분야는 문화재나 예술품 외에도 자연경관, 현대 도시 등 다양한 분야로 확장될 것이다.

문화재 연출가

옛사람들이 살던 흔적에서 다양한 유물이 발굴된다. 이 유물 중 역사적, 예술적, 학문적 가치가 있는 것은 '문화재'로 연구되고 전시된다. 많은 사람이 문화 유적이 발굴된 현장을 직접 보고 싶어 한다. '문화재 연출가'는 유적지와 전시 현장을 직접 방문하는 사람들에게 현장을 안내하고 역사와 일화 등의 설명을 하는 사람이다.

문화재가 발굴되고 전시된 조사 연구 현장을 직접 견학, 체험하는 프로그램은 점점 중요해지고 있다. 발굴 현장을 공개하고, 학교 교육과 함께 연결하면 미래 문화재 전문가 양성을 위한 기초교육으로 활용할 수도 있다. 이에 따라 문화재 연출가가 되기 위한 교육프로그램과 자격 조건도 점점 정비되고 수요도 늘 것이다.

미술품 감정사

예술 작품에 관한 관심이 증가하자, 미술품을 소장하고 싶어 하는 사람도 늘어났다. 미술품 감정사는 미술 작품이 진짜인지, 얼마나 가치가 있는지를 판단하고, 가치를 보증하는 사람이다. 유럽이나 미국에는 일찌감치 미술품을 감정하는 전문가가 있었고 협회에서 미술품 감정 전문가를 양성하는 교육을 하고, 자격을 주기도 했다.

아직 우리나라에는 감정사를 별도의 직업으로 갖고 있는 사람은 많지 않다. 미술 전공 교수, 작가, 평론가, 미술관 관계자 등이 감정 일도 같이 하는 경우가 많다. 하지만 점점 미술품을 사고파는 시장이 커지고 있고, 전문가가 아닌 일반 사람들도 사고파는 경우가 늘어나고 있어서 체계적인 교육 과정을 마친 전문가를 양성할 필요가 있다. 정부에서도 미술품 유통과 관련된 여러 가지 법을 만들어 체계를 정리하고자 한다.

미술품 기록관리사

미술품 기록관리사Art Archivist는 미술 작품에 관한 여러 가지 '기록'을 수집하고 관리한다. 이 때 기록이란 보존할 가치가 있는 노트, 메모, 편지 등 각종 문서를 말한다. 미술사에 관한 관심이 늘어나고 더욱 깊은 연구가 진행되면서 미술 작품과 관련된 기록을 수집하고, 보존하고, 관리할 필요도 커졌다. 미국이나 유럽의 미술관에는 전문 기록관리사가 있다. 우리나라의 몇몇 대형 미술관에는 자료실이 있지만, 전문 기록관리사로 일하는 사람은 아직 몇 명 없다.

미술품 기록관리사에게는 미술 분야의 전문적인 지식과 경험은 물론이고 동시에 기록 관리에 대한 지식도 있어야 한다. 점점 박물관과 미술관이 늘어나고, 전시회도 많아지고 있으며 작품에 관한 조사와 연구도 더욱 활발해질 것이다. 이에 따라 전문 미술품 기록관리사를 필요로 하는 곳도 늘어날 것이다.

어떻게 큐레이터가 될 수 있나요?

우리나라의 박물관, 미술관과 큐레이터직 현황

2020년 기준 전국에 박물관은 897개, 미술관은 267개가 있다. 박물관에서 일하는 사람은 총 9,393명이며 32.9%인 3,096명이 큐레이터다. 미술관에서 일하는 사람은 총 2,807명이며 34.9%인 980명이 큐레이터다. 즉, 우리나라에서 큐레이터를 전문 직업으로 가진 사람은 약 4천여 명이다.

큐레이터 자격

우리나라는 큐레이터가 되기 위한 자격을 법으로 정해 두었다. 공식 이름은 '학예사'인데, 학력과 경력에 따라 준학예사, 3급 정학예사, 2급 정학예사, 1급 정학예사로 나뉘어 있다.

준학예사 자격을 얻기 위해서는 우선 시험에 합격한 다음 일정 기간 동안 박물관이나 미술관에서 일해야 한다. 준학예사 시험은 고고학, 미술사학, 예술학, 민속학, 서지학, 한국사, 인류학, 자연사, 과학사, 문화사, 보존과학, 전시기획론, 문학사 중 2과목을 골라 치른다. 4년제 대학을 졸업한 사람은 1년, 3년제 전문대학 졸업자는 2년, 2년제 전문대학 졸업자는 3년, 고등학교 이하 학력을 가진 사람은 5년 이상 박물관이나 미술관에서 일한 경력이 있어야 준학예사 자격을 얻을 수 있다.

3급 정학예사 자격은 준학예사 자격을 얻고 4년 이상, 혹은 석사 학위를 가지고 있으면서 2년 이상, 박사 학위를 가지고 있으면서 1년 이상 박물관이나 미술관에서 일한 경력이 있으면 받을 수 있다. 3급 정학예사 자격 취득 이후 5년 이상 경력을 쌓으면 2급, 2급 정학예사 자격 취득 이후 7년 이상 경력을 쌓으면 1급 정학예사가 된다.

큐레이터는 직접 일해본 경험이 중요하다. 박물관이나 미술관마다 필요한 사람을 그때그때 구하는데, 시험을 보기도 하고, 지원한 사람들의 경력을 보고 채용하기도 한다. 국립중앙박물관 등 국가기관에서 선발하는 시험을 통과하면 학예직 공무원이 될 수도 있다.

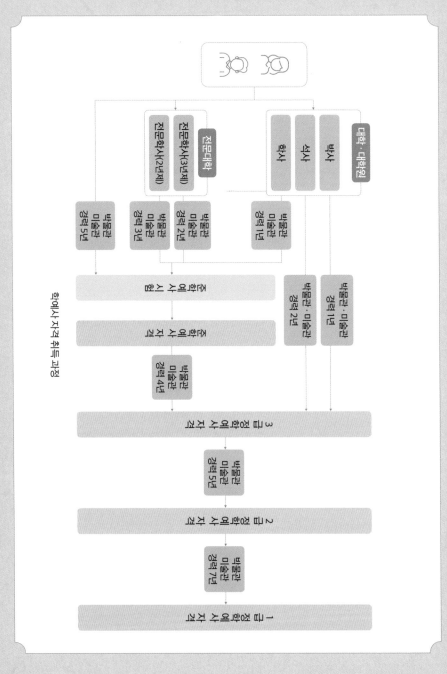

학예사 자격 취득 과정

· 교과연계 내용 ·

과목 · 과정	초등학교
5학년 사회	나라의 등장과 발전 / 독창적 문화를 발전시킨 고려 / 민족 문화를 지켜 나간 조선 / 새로운 사회를 향한 움직임 / 일제의 침략과 광복을 위한 노력 / 대한민국 정부의 수립과 6 · 25전쟁
6학년 실과	일과 직업의 세계 / 자기 이해와 직업 탐색
6학년 사회	민주주의의 발전과 시민 참여 / 세계의 다양한 삶의 모습 / 우리나라와 가까운 나라들

과목 · 과정	중학교
사회1	개인과 사회생활 / 사회 변동과 사회 문제
역사1	문명의 발생과 고대 세계의 형성 / 세계 종교의 확산과 지역 문화의 형성 / 지역 세계의 교류와 변화 / 제국주의 침략과 국민 국가 건설 운동 / 세계 대전과 사회 변동 / 현대 세계의 전개와 과제
역사2	선사 문화와 고대 국가의 형성 / 남북국 시대의 전개 / 고려의 성립과 변천 / 조선의 성립과 발전 / 조선 사회의 변동 / 근 · 현대 사회의 전개
진로와 직업	일과 직업 세계 이해 / 진로 탐색 / 진로 디자인과 준비

과목 · 과정	고등학교
세계사	인류의 출현과 문명의 발생 / 동아시아 지역의 역사 / 서아시아 · 인도지역의 역사 / 유럽 아메리카 지역의 역사/ 제국주의와 두 차례 세계 대전 / 현대 세계의 변화
동아시아사	동아시아 역사의 시작 / 동아시아 세계의 성립과 변화 / 동아시아의 사회 변동과 문화 교류 / 동아시아의 근대화 운동과 반제국주의 민족 운동 / 오늘날의 동아시아
생활과 윤리	직업과 청렴의 윤리 / 정보 사회와 윤리
한국사	전근대 한국사의 이해/ 근대 국민 국가 수립 운동 / 일제 식민지 지배와 민족 운동의 전개/ 대한민국의 발전
미술	미술, 직업으로 만나다

미래를 여는 경이로운 직업의 역사

지식을 다루는 직업 II | 학자·사서·큐레이터

초판 1쇄 발행 2021년 10월 1일
2쇄 발행 2022년 10월 21일

지은이 박민규
펴낸이 박유상
펴낸곳 빈빈책방(주)
편집 배혜진 · 정민주
디자인 기민주
일러스트 김영혜

등록 제2021-000186호
주소 경기도 고양시 덕양구 중앙로 439 서정프라자 401호
전화 031-8073-9773
팩스 031-8073-9774
이메일 binbinbooks@daum.net
페이스북 /binbinbooks
네이버 블로그 /binbinbooks
인스타그램 @binbinbooks

ISBN 979-11-90105-30-9 44190